和孩子们在一起

支教故事（一）

⊙ 活色生香的语文课

⊙ 课余时间教孩子们打篮球

⊙ 带着吊瓶上课

支教故事（二）

⊙ 给综合测试前20名的孩子每人奖励一件大棉袄

⊙ 离别之际，给90位孩子筹备了大量礼物：文具、生活用品

公益活动（一）

⊙ 带领班上的孩子为爱丽聋哑学校的孩子送爱心

⊙ 为贫苦学子送温暖

⊙ 邵阳市城步县西岩镇金紫中心小学支教一年

⊙ 暑假到郴州市桂东县"三下乡"支教一个月

⊙ 暑假到永州市慈善学校义工助学

⊙ 为贫困学子送去爱心午餐

公益活动（二）

⊙ 捐赠500元资助一位孩子

⊙ 盛夏为执勤交警、环卫工人送清凉饮品

⊙ 校园环保志愿者

⊙ 社区环保志愿者

⊙ 经常去敬老院看望孤寡老人

⊙ 公交车站：文明站岗

⊙ "小云朵"关爱行动，为贫困学子送爱心礼包

⊙ "保护湘江母亲河"百公里毅行

爱好国画（一）

精读经典

⊙ 读书，贵在精

⊙ 喜欢研究五行

⊙ 反复读，被翻旧的书

⊙ 一经通百经毕

与你同行

刘艳丽◎著

民主与建设出版社
·北京·

© 民主与建设出版社，2021

图书在版编目（CIP）数据

与你同行 / 刘艳丽著. —北京：民主与建设出版
社，2021.3
ISBN 978-7-5139-3423-7

Ⅰ.①与… Ⅱ.①刘… Ⅲ.①教育—随笔—中国—文
集 Ⅳ.①G52-53

中国版本图书馆CIP数据核字（2021）第046020号

与你同行
YUNI TONGXING

著　　者	刘艳丽
责任编辑	刘　芳
封面设计	中尚图
出版发行	民主与建设出版社有限责任公司
电　　话	（010）59417747　59419778
社　　址	北京市海淀区西三环中路10号望海楼E座7层
邮　　编	100142
印　　刷	天津中印联印务有限公司
版　　次	2021年4月第1版
印　　次	2021年4月第1次印刷
开　　本	710mm×1000mm　1/16
印　　张	14
字　　数	200千字
书　　号	ISBN 978-7-5139-3423-7
定　　价	49.80元

注：如有印、装质量问题，请与出版社联系。

我们需要怎样的教育

> 师者，所以传道授业解惑也。 　　　　　　——韩愈
> 没有爱，就没有教育。 　　　　　　——苏霍姆林斯基

对于教育，先达们早已给出了数以万条无比正确的定义和解释。

从教近三十年来，我看到了无数老师和家长们的众生相，我也是这无数张面孔之一。

我们之中有些人没有耐心等待孩子慢慢长大，有些人不允许他们自由成长，不给他们失败的机会，不切实际地要求孩子必须是最优秀的，甚至有些人用自己的梦想取代孩子的理想，不允许孩子拥有自己童真的梦想。可是，他们忘了自己也曾是懵懂少年，忘了自己也有过那些可爱的调皮和顽劣。

……

我们究竟需要怎样的教育？这是我从教越久，思考越深的问题，这个简单而又深奥的哲学问题，常使我夜不能寐。

2016年，承蒙各级厚爱，以我的名字命名的国家级培训计划——卓越校长领航工程周大战工作室在长沙高新区东方红小学挂牌成立，我由此得到了更多与全国各地优秀的教育界同行们交流的机会。

在工作室和国内无数所知名小学校长们的交流中，我们都不约而同地表达了这样一种共识——"一定要让孩子们自由自在地成长，给他们一个完整的快乐的童年，哪怕他们有一天绕不开如小草般的遭遇，只要练就了小草的品格，又何惧他不能在踩踏下重生呢？况且，又有谁的人生里，不曾如小草般遭遇过踩踏呢？"

这何尝不是天底下每一个教育工作者的初心？

这一认识，坚定了我在东方红小学推行"智慧教育——阳光生态课堂"教育教学改革的决心。经过长期实践和团队的集体研讨，我们把智慧教育定义为认定人有好学的天性，尊重儿童脑发育的关键过程，通过教育教学实践，来培养学生终身发展所需的合作精神和创新思维能力的教育。在具体的教学实施中，把课堂还给孩子，变被动灌输为主动提问，变"被学"为"求学"，还求学以真面貌。

正是在大力推进这些教改的过程中，我听了我校刘艳丽老师的课，读到了她的文章。

在课堂上，刘老师很"无我"，个头不高的她很容易被孩子们"淹没"。她会时而走下讲台，时而加入不同的孩子的"阵营"，引导孩子们发问，支持孩子们对垒，她又会在孩子们争执不休时做好"法官"的角色，给他们正确的启迪。刘老师的课堂有点"乱"，因为孩子们的声音多于老师的声音；有点"乐"，因为孩子们都快乐地参与到每一个课堂细节当中来；有点"序"，因为孩子们都被引导到老师预设的情绪空间里了。

刘老师的一篇篇随笔，或是一个个小故事，或是一段段或喜或悲的感慨，无一例外都与她的教育教学工作息息相关，都浸透着她对孩子们炽热的爱。读到其中，似乎每个故事我都曾经历过，每种情绪我也都曾感受过。原来，她写的本不是"她"，她用数年如一日的教师随笔，记录了我们，记录了每一位一线教育工作者的生活啊！

文末，我还是尝试着自答困扰我如此之久的哲学之问：我们需要种庄稼般的教育，而非工业化的教育。我们需要农夫似的老师，以爱为犁，以德为铧，育苗栽禾，仰望桃李！

周大战①

2020年深秋夜读时分

---

① 特级教师，高级教师，湖南省优秀教师，华南师范大学教育硕士兼职硕士生导师，湖南第一师范学院教育科学学院小学教师教育联盟学业导师。现任长沙高新区东方红小学校长。

无意才是真

写这本书，本是无意的。大学毕业走上小学教师岗位至今，已经八个年头，写出诸多错乱的文字，略微整理，已经八十万字有余。敲出这些文字，本来只是闲时自我抒发，借文字记录跟孩子们发生的点滴故事，借文字向家长们反馈孩子们的成长而已，所以或长或短，或抒情或记事，全凭当时兴致，在用词用句或谋篇布局上也从不做任何考究。仅仅是，我手写我心，写的就是那时那景那情。只是这样的随性和洒脱，让人越发自由和精神焕发，写着写着，累计起来竟然有八十多万字教育随笔了。有人给我建议说：你该整理整理出本书了！

出这本书，原先也是完全无意的。因为从来没有想过要把它们整理成书，中途有三五好友反复劝我可以做出书的打算，我都回绝："如果为了出书而写，那便失去我手写我心的本意了。我做不到。"只是渐渐地，越来越多的同行老师、学生家长关注到我的公众号，他们纷纷告诉我，我的文字是一股暖流，持续带给他们温暖，让他们感受到教育原来是一件这么有温度的事。他们都给我鼓劲："刘老师，你出书吧！"

湖南榜样教育集团董事长曹石军先生是我多年好友，是第一个提议我出书的："我之所以时常关注刘老师，其实是因为一件'小事'：刘老师一直在坚持写班级日志。在学习与成长方面，我一直信奉三个字——静、悟、精。静：静心；悟：思考、总结；精：精读经典。而她的这件'小事'，却是三者兼备，将其融合到了极致！一整天忙碌的工作结束，到家后抽出时间对当天的班级工作与生活进行文字性的整理描述，静也；于浮躁喧嚣的世界，实属难得！对班级工作与学生学习上所存在的问题进行反思总结与寻求解决办法，悟也；思考是智慧之源！利用周末休息时间，选读一些教育学经典著作，反复研读揣摩，精也。真经一句话，假传万卷书，研读经典是上策！刘老师，你该把这种榜样的力量传播出去影响更多的人！"

我的第一届学生小祎的妈妈，是一位大学老师，她说："八年时间，即使孩子跟着她毕业了，我还是习惯了每天看看艳丽老师的文字，期待'日志'新鲜出炉，生怕错过。她注重实践，善于记录、总结与反思，她总能从细微悟出深刻道理。每一篇、每一句，我总会用心品读，对我而言，这是一种享受。字里行间，我读到的是艳丽老师的用心，我体会到的是爱，是对孩子们、对教育事业灼热的爱恋。我很庆幸，儿子有这么好的启蒙老师。我时常预想着这样的情境，若干年后，孩子们事业有成，那时的艳丽老师已经两鬓白发，大家再围坐一团，细细品味着艳丽老师的日记，那该是怎样的一幅幸福的场景啊！"

长沙市"九芝班主任"获得者、金牌教师杜文龙老师说："艳丽老师就是这么一个让人佩服的人。她乐于学习、注重实践、善于反思。她的文章，给家长传递的是一种欣慰，如她笔下长大的小宇；她的文章，给学校留下的是积极上进，如她笔下善于反思的老师；她的文章，彰显的是一种社会大爱，如'志愿助残，让爱有声'实践活动。读她的文章，如临其身，如登其堂，如入其境。于是，优秀的老师、美丽的学校、可爱的学生、配合的家长，万事俱备，不欠东风。在我耳畔，仿佛'袅袅兮秋风，洞庭波兮木叶下'的古老诗词已经传来，不胜惬意。艳丽老师，与我相比，不仅有这美丽的秋色，更有了这群天使，你还'贪求'什么呢？"

……

是呀，富足如我，还贪求什么呢？便让这"无意"随了"有意"吧！八十万字中，分为七个章节，选出十万字来与大家分享。一起来读读这些故事，一起来感受作为平凡的一线教师的喜怒哀乐吧！

最后，请允许我，感谢我的父母和家人，感谢一路以来支持我的领导、老师、家长、朋友们，感谢我最最亲爱的孩子们！有你们真好，爱你们！

刘艳丽

2020年10月12日

目
录

第一章　童言童趣一年级

第二章　书声琅琅二年级

第三章　妙笔生花三年级

第四章　四年级，是时候和他们成为朋友了

第五章　五年级，恰同学少年

第六章　难舍难分六年级

第七章　支教的日子

第二章

——

童言童趣一年级

好奇宝宝的美丽新世界

在自然界中，种子萌芽后的第二周，是新生命舒展嫩芽、迎风沐雨的开始。那些往后岁月里的朝露晨辉、暖阳疏影，均于此时开始在时光中慢慢写就。

一年级的世界，恰如此。

六七岁的萌宝，懵懵懂懂地离开自己熟悉的环境和每日嬉闹的场景。起初，与父母分别时撕心裂肺地哭喊，其实是他们对陌生环境的恐惧和对熟悉的过往的依恋表现。一年级的小萌宝们，就是在这样的依恋、好奇和恐惧中开始有"规矩"地去建立对这个世界的认知。

一片树叶、一抹朝霞、一汪浅水、一袭素衣、一句话、一个故事、一只昆虫……这世间的万事万物于我们这些成年人而言是那么习以为常；但是，对于这些几岁的萌宝们，却无一不是未知和迷茫。所以，他们需要有人告诉他们探索的方法，需要去体验自然的万千变化，需要在探索和好奇中收获快乐。

我向来不喜大道理。行至今日，我想每一位朋友和我一样，都有一些基本的认知和感悟。这个世界很大、很复杂，如果没有好奇心、求知欲和探索的习惯并从中收获快乐，那么，这繁杂的一生将多么艰难和无趣？

我所有的工作和思考，均是基于此而展开的。

庆庆的进步

开学第一天，我们班的任课老师都纷纷找我反映问题：喊起立时班上有个男孩子不愿意站起来；上课要他拿出课本，他总是不愿意，也不说话；轮读环节时，轮到他时总是吐字如金，一声也不响，怎么跟他说都没用；其他孩子出去排队，他总是静静地坐在教室里发呆，排队总找不到自己的位置……这个男孩子就是庆庆。

其实，以上任课老师遇到的问题，我同样也遇到了，但我一时也没有找到解决问题的办法，所以我不得不先向他的家长请教一下。与庆庆妈妈交流后，我才知道，这孩子从小就内向，总不愿意说话，就喜欢一个人静静地待着。大致了解了庆庆的性格后，我心里有了谱，决定因材施教。

上课时，我只要发现他的眼睛跟随着我，该读书的时候指着书，偶尔张了嘴，我就会大声表扬他。他不认真时，我不当堂批评，而是悄悄地提醒他。渐渐地，我发现，他因为能够"静"得下来，思考的问题很深刻，做事也很沉稳，获得的成果与奖励也越来越多了。而他也似乎更加自信了，课堂上也愿意发言了。

但为了让他能够融入这个班集体，课间我会悄悄提醒几个活泼的孩子，主动去找他玩，拉他去外面走走，认识认识校园和新同学，不让他一个人坐在教室里发呆。渐渐地，我也发现，他和孩子们能在一起玩了，并且玩得很开心。有一次，有一个同学肚子疼不舒服，还是他第一时间到办公室来告诉我。看着他愿意和同学、老师说话了，我心里着实高兴，真是千金难买庆庆开口呀！

在一个优秀的集体里，每位孩子都会成为最好的自己！有的孩子活泼、调皮、好动，有的孩子大大咧咧、乐天派，有的孩子文静腼腆、善沉思，有的孩子少年老成、懂事理……性格没有好坏，每位孩子都是独一无二的存在！我们要做的，就是想各种办法，充分发挥孩子的性格优势，促进孩子更快地学习，更茁壮地成长！

轻轻打几下

一群学生拥着啼哭的小洲推搡着进了办公室，旁边还有低着头的小晨。我还来不及问怎么回事，小洲就大哭道："老师，他故意掐我脖子。"我一听，这还得了，立马查看小洲的脖子，没有大碍，我立马对小晨严厉训斥。经过了解情况，训斥说理，小晨承认了错误，并且道歉认错。但是小洲并没有停止哭泣。

"小洲同学，你想怎么惩罚他？"

"打屁股。"小洲毫不犹豫地回答。

小晨一听急了，他哭着说不要。

"做错事情了，就要勇敢承担！"我仍旧不改严肃的态度。

小晨哭得更厉害了，该如何收场？

"我就只轻轻地打几下，老师就不会骂你了。"凑到小晨耳边悄悄说话的是——小洲！声音虽小，我却听得一清二楚，"坏人""好人"他都一个人做了，我哭笑不得。接下来，一切顺利。

小晨："哦，好的。你打吧！"（好可爱的样子）。

小洲拉过小晨用手在他屁股上轻轻拍了几下。未等我开口，两人便手拉手，大笑着出去玩了……

孩子们的天性，也许就是这样。在纯真的孩子们的心里，并没有什么真正的仇恨，有的只是冰雪般的天真与烂漫。

老师，你结婚啦？

周一中午，快递员给我打电话说有我快递。到校门口一看，原来是一束玫瑰。可是并没有人说送我呀。带着疑惑的我拿着花走回办公室，穿过教室走廊时，我们班的孩子们涌上来："刘老师，谁送你的花？""刘老师，你要结婚了吗？"等不及回答，他们就大喊："刘老师结婚啦！刘老师结婚啦！"这可不得了，把其他班的学生也引来了。待我走到办公室门口，整条走廊都已经挤满了学生，望着我手里的花。

孩子们以"结婚"的话题为乐，一是他们通过这个话题表达着对老师的关心和喜爱；二是，懵懵懂懂之中他们对两性关系充满着好奇，所以，是时候对他们进行相关的教育了。

于是，我便搬出绘本《搬过来、搬过去》（《鳄鱼爱上长颈鹿》），借着讲绘本故事的契机，来启发孩子们对生命、对两性关系的认知，给孩子种下对婚姻关系的美好向往，希望这群娃，能明白刘老师的良苦用心！

爱的创可贴

正在埋头批改作业时，电话响起，我一接起，电话传来一个母亲清脆而急切的声音："刘老师，我家小勋怎么了？哪里受伤了？"

我一头雾水，这小伙子，刚刚不还好好地站在我旁边吗？

"他没有受伤呀。"

"那他怎么急匆匆地打电话给他爸爸，要他爸爸赶紧去学校给他送创可贴？"

听后我赶紧去教室找小勋同学，还好虚惊一场，他毫发无损，正在优哉游哉地看同学们玩游戏。

"你要创可贴做什么？"

"小洁受伤了，我想一会儿给她。"

我恍然大悟，之前班上的小洁被一个其他班的小朋友咬到了，留下了牙印子。为了以防万一，我们已经送她去卫生院处理了。

这孩子，平时看他对什么都一副无所谓的样子，没有想到，他对同学竟是这般关心。

酷酷的暖男一枚。

兔子的眼睛

每次吃午饭，总有那么几个孩子是慢吞吞的。我坐在他们中间，半是监督，半是催促。

小志："刘老师，你能吃生姜吗？"

我摇头。

"我爸爸能。而且他还吃生大蒜。"

我笑道："那你爸爸真厉害，你也应该向爸爸学习，不要挑食，这样你才能和爸爸一样强壮，所以赶紧把你盘子里剩下的西红柿吃完吧。"略带思考后，他便乖乖地吃完了。

"但我真的不喜欢吃西红柿。"旁边的小博见状说道。

我眼睛一亮："吃红色的东西对什么好？"

"眼睛，眼睛！"小晨跳起来，指着自己的眼睛。看来他之前认真听讲了。

"嗯啊，嗯啊……保护眼睛……"小博用夸张的动作把西红柿一股脑地吞了进去。

许久……

"哈哈，"小祎发出夸张的笑声，"我知道兔子的眼睛为什么是红色的了，因为它吃了好多胡萝卜！"

土豆丝很好吃的！

这天，小曦嚷着不肯吃饭，因为他不喜欢吃今天的菜——土豆丝。而我则在一旁耐心劝说。这时，小游和小博过来了。小游和小博每次吃饭都凑到一块去，因为他们都是班上的大胃王，比其他人吃饭的时间也长些。

"小曦，土豆丝好好吃的。你快吃！"小游说话了。

"是的，土豆非常好吃，我特别喜欢。"小博也说话了。

我示意小曦快点吃，可他还是无动于衷。

"你还是快点吃吧，不然老师是不会让你走的。"

"是的，吃完了，就可以去玩了。"

小游和小博你一句我一句地劝慰着，我心里顿感温暖，真懂事的两个孩子。

"我说了不吃就不吃。一点也不好吃。"小曦还是不为所动。

"你真的不吃吗？"小游一副非常关心的表情望着小曦。

"你真的不吃呀？"我能感觉到小博关切的心情，我感激地望着他们两个。

小曦摇摇头："不吃！"

"那我吃！"话音刚落，小曦的盘子被小游和小博抢夺一空！

原来如此，土豆丝真的很好吃！

对于眼前的情况我哭笑不得，重新给小曦盛好了菜，最终在我的软磨硬泡下，小曦妥协了。

抹干净

一个巴掌拍不响，学生闹矛盾，我们总是要把有分歧的两个人同时喊来，仔细分析，都教育一番。可今天的事件，我却采取观望的态度，也引起了我的深思。

午餐时间，学生们按照座位顺序依次排队打餐、回座位就餐。突然学生中有人提醒我："刘老师，小特和小熙打架了。"

其实，整个过程我都看在眼里。小特的座位在小熙后面。小特端着饭菜往座位走，因为太心急，把小熙桌面的牛奶碰洒在了地上。小熙顿时趴在桌上呜呜地抽噎起来。而小特却如什么都没有发生一样，坐回座位狼吞虎咽。过了稍许，小熙愤然站起来，蹿到小特座位边上，说道："抹干净！"小特自知自己做错了事情，老老实实地拿拖把去了。小熙淡然回到座位，平静地享受起美食来。

我们提倡做一个儒雅的学生，时时刻刻要学会礼让。可是面对这样不文明、不公平的行为，学生是不是也应该有挺身而出、勇于制止的霸气？假若小熙因为小特的失误对他拳脚相加，我必然会第一时间批评教育。可是，他今天的行动，勇于对不利己、不利班级的不文明行为发出抗议，用自己的行动维护自己的利益，又有何不可？

这，更像一个男子汉。

换给爸爸妈妈吃

我们班有双杰：小洁和小杰。这个故事发生在其中之一的小杰身上。

为缓解期末复习的紧张压力，让孩子们在欣喜快乐的氛围中学习，我们班家长送来了糖果、文具、贴纸等奖品。这对孩子们来说，远比我自己做的奖品有诱惑力多了。为了物尽其用，我便制定了换奖品的制度：不同数量的学习心得换不同的奖品，比如两份学习心得换一颗糖，一时间，办公室就火了，换奖品的同学络绎不绝。其中最特别的是小杰同学，他一下拿来了十二份学习心得，说是积累了很久的，要一次性换成糖果。

"吃这么多糖可不好，先换一支笔或者一个本子，剩下的换糖好不好？"

"不好，我要全部换成糖。"

"换糖一下就吃完了，换支笔回去，还可以让爸爸妈妈看看呢！"

不管我怎么企图说服，小杰还是坚持要换糖。最后，我只收了他四份心得，换了两颗糖，要他把其他心得收好，下次换。

第二天课间，他又来了，还是要换糖："老师，我还要换两颗糖。"

这可真是个倔强的孩子。我想着，还是把糖换给了他。

"谢谢刘老师，我把糖藏起来，留给爸爸妈妈吃！"

我心里一惊，望着他开心跑去的背影，我也笑了。

母亲节

母亲节前几天，我和孩子们就已经偷偷做了准备：周四，孩子们分别把自己和妈妈之间的故事画成一幅画；周五早晨我便把所有的图画都上传到班级群相册，与妈妈们分享。妈妈们一边回忆着自己和孩子之间的故事，一边欣赏着其他孩子与妈妈的故事，十分欢乐；周五下午我便又和孩子们一起策划节日当天的惊喜活动，我们最终制定了一个大家都满意的方案：再给妈妈准备一份礼物，还是由自己亲自制作，这次可以是贺卡，也可以是一句心里话；为妈妈分担家务，然后为妈妈服务一次，可以帮妈妈洗脚、按摩等都可以；其他惊喜活动可自由安排……

制作礼物的过程中，几个小朋友纷纷说起自己的母亲节打算。小怡和小清聊了起来。

只听小清说道："小怡，我觉得我们有两个母亲，一个是生我们的妈妈，另外一个就是祖国妈妈。"

而后，小怡看着我说："错，我们有三个母亲，还有一个是——刘老师——你也是我们的母亲！"

此刻，我的心里开了花，酿了蜜。

老师，你今天好漂亮

　　清晨，阳光已经普照大地，我一如往常地踏进教室，站在讲台上，准备早自习。学生们一改常态，交头接耳的。他们的眼神怪怪的！是我的错觉？

　　"刘老师，你今天好漂亮！"是第一排小景发出来的声音。只见她正笑脸盈盈地望着我。

　　我很漂亮？而且是今天？

　　"是的，刘老师，你的衣服上有朵大红花，好漂亮！"最后一排的小洁道出了真相。原来，我的漂亮是因为白裙子腰带上那朵鲜艳的大红花。

　　"老师，你今天好漂亮！"短短一句话，透出的是他们的天真无邪。同时他们也告诉我，作为教师，应该从孩子的视角出发，从孩子的角色出发，迎合他们的想法，思考问题。我想，无论是打扮还是教学，都弄成孩子们想要的样子，是不是会有不一样的效果？

不能吃苹果

作业终于改完，有几个小朋友错误较多，需要单独辅导。我边拿起已经偷偷瞟了好几眼的苹果往嘴里送，边走出办公室，在走廊上张望，寻找这几个孩子的踪迹。

"老师，老师……"有人扯我的衣角。看到小志，我如同发现新大陆般欣喜，他可以帮我找到这些小朋友。但还没等我说出口，只见他的手指着我手上已经消失大半个的苹果，一本正经地说道："刘老师，不能吃苹果！"

我满脸疑惑。

"广播里面说了，水果只能在食堂吃。"

我的脸唰地红了。是呀，为人师表呢？我一再地对学生们强调牛奶和水果要在食堂吃，可是，我自己却没有遵守这个规定。"打铁先要自身硬"，作为教书育人的老师，正人要先正己，应该以身作则，用高尚的言行举止带动学生修心立品，所以这次的确是我错了。我赶紧说道："小志，这次是老师错了，老师向你道歉，你想怎么惩罚老师都可以。"

"没关系的老师，我原谅你了，而且你不是常说知错就改就是好孩子吗，这次你也还是好老师！"

见他一本正经的样子甚是可爱，我的尴尬感也缓解了不少，于是便轻松说道："谢谢你，小志，老师保证不会再犯同样的错误。"

红鞋绿草

自从学校修了新的塑胶跑道，孩子们充分展现了亲近大地母亲的本性，摸爬滚打，嬉戏玩闹，操场便成了孩子们的天堂。为维护这片乐园，学校对老师们也提出了要求——不允许穿高跟鞋进入。

可以说矮个子的我是高跟鞋控，所以每周一为了升旗仪式，我都会换平底鞋，可是，这次我竟然忘了……于是乎，11厘米的红色细跟鞋上场了。

阳光明媚的周一，升旗仪式照常举行。我心里暗想着，这么小巧玲珑的我，对跑道应该不会有很大伤害吧？怀着侥幸心理，我和孩子们一起排队入场。

巡视队伍是班主任的职责，于是我开始小心翼翼地走动起来。

"刘老师！"细细的声音，"刘老师，你穿白裙子像仙女一样漂亮！"

我看到小宇的脸上的笑容，如同此时的阳光一样灿烂。

"但是，刘老师，学校不是规定不让穿高跟鞋进这儿吗？"说完，他露出试探性的笑容。

我尴尬一笑，旋即把鞋子脱下，拿在手中，说道："谢谢小宇同学的提醒，这下我们专心等待仪式的开始吧。"

惊讶之余，他向我竖起了大拇指。

好柔软，好轻盈，塑料的小草，如同孩童的小手，轻轻吻着我的脚丫；又如同沙滩细腻的沙子，鲜嫩滑溜。

四周无数诧异的眼光，我应该为这样的学生骄傲，不是吗？

一件外套

长沙天气总是变幻莫测，这天突然风云大作，气温骤降。办公室杨老师觉得冷，于是披上了我在办公室备用的一件绿色外套。

"刘老师，杨老师穿的是不是你的衣服？"我一出办公室，小娟就迎上来追问。

"刘老师，你的衣服为什么穿在杨老师身上？"小洲围过来。

"刘老师，你的衣服要送给杨老师了吗？"

"刘老师，要不要我们帮你拿回来？"

……

因为是排队等待做操的时间，所以全班都在走廊里，见我过来，蜂拥而来。

听着这些稚嫩又满是童真、满是关怀的话，如同一缕阳光照进了我的心里，暖暖的。

对于班上的孩子，我已经能够轻易地通过他们身体的任何一个角度识别他们，或者闻其声就能知其人。只是没有想到，小小孩童的观察能力和识别能力也很敏锐，那么清晰明了。更暖心的是，在他们心里，我是值得信赖和需要保护的。

大小奖状

　　各个班级的休学典礼，主要是进行假期学习任务的安排和学期总结颁奖活动。我们班与众不同的是，没有获得奖状的孩子将会从家长那里拿到奖状，所以所有的孩子都会得到奖状，这样做的目的则是为了更好地鼓励孩子们。只是，学校发的是小奖状，家长发的是大奖状；而拿到小奖状的孩子还可以拿到学校分配的彩笔、尺子、本子、包书皮等不同的奖品。

　　"老师，为什么他们拿到小奖状的同学就有奖品，我们拿到大奖状的人就没有奖品呢！"我正在思索着该怎么回答时，只见这位同学扑闪着大眼睛，自豪地说道，"哦，老师，我知道了。因为我们的奖状比他们的要大些，所以要补些奖品给他们！"

　　孩童的世界就是这样纯净，看着她眼中流露出的光芒，我微笑地点点头。

我觉得妈妈不喜欢我

小景口齿伶俐，小小的个子，就坐在第一排。每天第一次看到我，她都会用百灵鸟般清脆的声音甜甜地说道："老师，你好漂亮！"我永远会记得她对我说过的一句话："刘老师，你就是我心目中的公主。"这样一个可爱的孩子，我想，她肯定是父母手中的珍宝。

那天，她告诉我她的背不小心受伤了，要我提醒班上同学玩的时候别碰着她。我把她叫到办公室查看伤情，平时她在课上特别喜欢和其他同学嘀咕，趁这个机会，我也想好好和她聊聊这个问题。

"小景，你的伤是怎么弄的？"

"我自己不小心摔的。"她委屈地抬头看着我。

"是你妈妈帮你擦药的吗？"

"是的。"她顿了顿，"刘老师，我觉得我妈妈不喜欢我。"

"为什么？"我很惊讶她为什么会有这样的想法。

"因为她不给我买公主书。"

"妈妈不给你买，肯定是担心你看了公主书就忘记学习了。懂吗？"

"不懂。因为我好蠢。"

"谁说的？小景是我们班最聪明的。"

"我妈妈说的。我妈妈总是说我蠢死了。"我的心里很不舒服，"妈妈有时候还打我！"眼泪在她眼眶里打转。我握紧她的手，感受着她的难过。

"老师告诉你，你不蠢，你是最聪明的。你看，你不仅画画得好，而且还会唱歌、跳舞，还有你的字也写得特别好。"她的表情缓和了许多，由雨转阴。

"是不是你惹妈妈生气了妈妈才打你的？你看，你上课喜欢和其他同学小声说话，老师就不喜欢，老师也会生气。你上课很认真，还积极举手回答问题的时候，老师就会很喜欢你。你妈妈肯定也很喜欢你。"见她渐渐平静下来，我转移话题，"你的衣服真漂亮。谁帮你买的？"

"是我妈妈买的。老师，你看，"她把外套掀起来，露出里面衣服前面的花纹，"这里还有一个公主和她的朋友！"她的脸由阴转晴。

"好漂亮的衣服，我好喜欢。真羡慕你，你妈妈对你真好。"

"是的，我妈妈给我买了很多漂亮的衣服；我妈妈总是抱着我；我妈妈总是给我洗衣服……"好童真的语言，才六岁的孩子，阳光在她的脸上铺开。

"我就知道，你妈妈是最疼你的。"我继续问道，"你长大了以后想做什么呀？"

"我长大了只想当个公主，每天穿很漂亮的衣服。"

"公主？你长大了肯定会是个漂亮的公主。可是，小景，公主不仅要穿得很漂亮，而且还要认真学习，这样才会有很多人喜欢你，把你当公主。公主的字要写得很漂亮，作业也要做得很好，上课也要很认真。你想不想做每个人都喜欢的公主？"

"想。"她低头思索了一会儿，"老师，我的字已经写得很漂亮了，我上课很认真就可以当公主了是不是？"

"是的。老师会喜欢你，爸爸妈妈会喜欢你，同学也会喜欢你。"我轻轻抚摩她的头。

"嗯，好的。"

"老师，我想送你一幅画，一幅公主画。"

"那老师要谢谢你！"

"不客气，老师，那我先回教室啦。"我没有想到她又折了回来，说道，"老师，以后我可以再和你说我的故事吗？"

我点点头，她仿佛忘了背上的伤，蹦蹦跳跳着出了办公室。

可以看出，这是一个活泼、机灵的孩子。她觉得她妈妈不喜欢她确实是误解了母亲的爱意。可是，从另一个角度看，作为家长，我们是否用错了爱的方式呢？

老师的字

某天上课前，我提前在黑板上布置上课的内容。小欣和小静好奇地凑上来，盯着我的板书。

"其实刘老师的字好漂亮的！"小静开口了。她是一个很具有中国古典美的女孩，长得极标致，规规矩矩，能力与学习成绩俱佳。

"是的。"小欣清脆地回答，眼神落在我的板书上，"但是老师经常会写错字。"小欣又来一句。我莞尔。

"嗯，是的。其实我知道，刘老师怕我们写错，所以她就故意写错，来告诉我们。每次我都看出来了。"小静脸上是自豪又羞涩的表情。

......

谁说小孩子不懂事呢，他们心里也装着一面镜子，装载着生活中的一切，衡量着他们的是是非非。

别生气

周一到校，学生还沉浸在周末的松散状态中，连排队做操也是稀稀拉拉的。见状，我不禁生起气来，但我并没有当场批评他们，只是用动作示范，提醒他们做好，想着等回教室再批评他们。

做完操后，去办公室准备了一下我便踏进了教室，只见他们都安静地坐在自己的位置上，眼睛齐刷刷地看着我，平时可不是这氛围，我疑惑地看着大家，只见他们示意我看黑板，我扭头则看见黑板上写着："老师，是我们不对，请您别生气了！"

下面还有一行小字，来自另一个人的手笔："我们以后再也不让您生气了！"

看到这些，我顿时消气了不说，还感到无比欣慰，便微微一笑，说："要管好自己哈！"然后便让他们自由活动去了。

怎么办呢，遇到他们这群小娃，不是我搞定他们，是他们总有办法搞定我！不过也总是他们带给我无数惊喜，让我无比暖心。

奶奶，对不起

偶然机会，听到了朱泌太教授的专题讲座《审视英美学校后对教育的思考》。让我印象最深刻的是朱教授说的菲利普艾斯特中学的办学宗旨：把学生的学术能力、对知识的好奇心和品格联系起来。侧重关注学生的思想与品行，处理好知识与善行的关系，培养高尚的人格。

而让我真正意识到教师对于孩子们品行的发展与引导的重要性的契机是我们班小勋的一件事情，这件事情让我深刻意识到了品行的培养是教师工作的重中之重。

和许多孩子一样，小勋从幼儿园进入小学，还是懵懂的模样。他酷爱画画，所以无论上什么课，他都拿着自己的"神笔"，低头挥毫，乐在其中。作为教师，第一个想到的就是改变他的习惯，让他好好听课。可是，苦口婆心的说教并不能扭转局面。于是，我决定尊重他的爱好，让他当美术课代表，负责管理黑板报，把他的画贴在教室展示。希望他能够发挥自己的特长，在老师的喜爱和尊重中喜欢老师，进而喜欢老师的课。就在这时候，班上小婷告诉我："刘老师，小勋不讲礼貌。昨天他凶了奶奶。"原来，小勋爸妈在外地工作，无暇辅导他的功课，就把他放到了校外的培训学校。昨天培训完后，小勋奶奶接他时发现他作业没有完成，催促了他一句，可是小勋却说："催什么催，不要你管！"然后就把奶奶堵在了门口。小勋本是个通情达理，善解人意的孩子。我记得小勋妈妈在长沙时，多次放学后带着小勋主动在教室搞卫生，只为给孩子做一个好榜样。只是老人家的宠溺让孩子娇纵，以致肆无忌惮。事后，我找小勋了解情况，分析利弊，懂事的他承认了错误。放学奶奶来办公室接他，他低着头对奶奶说："奶奶，对不起！"奶奶笑了，我也笑了。

我想，班上像小勋这样的孩子并不止一个。我一心一意想要培养孩子的学习习惯，想要传授他们更多的知识，却忽视了孩子品行的观察与培养。之后，我把品行的养成放在了教学的重要位置。但那只是停留在说教的层面。从朱教授的讲座中，我知道，品行的培养需要实践与活动。教师应该设计相应的活动，让学生在实践中形成良好的品格。今后，我应该朝这个方向努力，我希望我们班上的孩子，都是品学兼优的！

你希望自己长大吗

"你们希望自己长大吗？为什么？"我问道。

孩子们都很积极地举手分享。

最先举手的是小琴："我不希望自己长大。因为长大了，我妈妈就会变老了。她变老了，头发会变白，也会离开我，再也不能陪着我了。我会害怕，我不能没有妈妈。"她顿了顿，我看她还有话要说，没有打断她，"放假的时候，妈妈会带我去乡下看外婆。看，妈妈长大了就离开了外婆，外婆很孤单，妈妈也很想念外婆。所以，我不想长大。"

全场寂静，我的眼里不禁噙着泪水，多感性的孩子，我一时竟不知如何安慰她。

"小琴同学真的很孝顺，她不想长大的原因令我很感动，还有哪位同学想要分享一下自己的观点？"

紧接着，孩子们你一言我一语，都分享了自己的观点与原因。不愿意长大的理由五花八门，有说因为现在有好吃的、好玩的，有说不长大爸爸妈妈就能一直抱着自己看图画书的；而希望自己快快长大的，是以小瑞为代表的乐观派，他说："我希望自己快快长大，因为我要实现自己的梦想，做一位伟大的科学家。"一听这话，孩子们纷纷举起手来，有要做警察的，也有要做航空员的，等等，都想要实现自己的梦想。其中，最理想化的发言非小谊同学莫属了："我希望自己快快长大，是因为我想要发明一种长生不老药，让爸爸妈妈永远不会老去，永远都能陪着我。"

真希望无论长多大，孩子们永远都葆有一份纯真，也都会随着年龄的增长，实现自己的梦想。

免费蛋糕

临近期末，各种事情堆积。我埋头奋斗在堆叠如山的作业本中，隐隐约约感觉有两个小脑袋在桌旁瑟瑟缩缩了许久。抬头一望，是卉卉和玶玶。待我问有什么事后，两人还推搡着都不说话。许久，玶玶才说是卉卉有事找我。

卉卉是一个聪慧伶俐的孩子，字写得端庄秀丽，老师的每个问题，她都会积极举手回答，语文成绩在班上一直数一数二，这次期末考试就以98分的成绩和另一个孩子并列第一名；她也是一个懂事的孩子，有次忘带了作业，被我批评后，在我桌面留下了长长的纸条，对给我带来的困扰表示道歉，并且表示以后一定做一个好孩子。

"老师，我记得上次参加亲子活动，是由小曦爸爸主持的。"

她停下来看着我，我笑着示意她继续说。她似乎鼓足了勇气。

"当时小曦爸爸用话筒当着全班的面说，班上如果有小朋友过生日就去他那里订蛋糕，他会免费送给大家。"

我也记起是有这回事。小曦家里开着一家蛋糕店，小曦的爸爸不仅对班级事务非常上心，每年的亲子活动都是由他主持，而且为人慷慨大方。

"刘老师，今天我过生日，可是妈妈说，没有多余的钱给我买蛋糕，而且，从小到大，我只吃过一次自己的生日蛋糕。我能找小曦爸爸送一个蛋糕给我吗？"

我的心中涌出一阵酸楚，一时间，竟然不知道该怎么回答。这是一颗晶莹剔透的童心，也许小曦爸爸说这话的时候，百来人，只有她把这句话记在了心里，并且热切地期盼着生日的到来。

就在我还在思考如何既不伤她的心又能让她明白不应该白拿别人东西

时，其他老师催我赶紧去开会，匆忙中，我竟然对卉卉丢下这么几句话："那是因为小曦爸爸大方才这么说，但是，我们要讲礼貌，讲礼节，不能真拿了东西不给钱。"然后赶紧去开会了。

事后每每想起，我的心都隐隐作痛，我无情地把一个孩子水晶般的愿望敲得粉碎。那日，我应该订一个蛋糕，哪怕是小小的一个让她带回家，告诉她是小曦爸爸送的；或许，我应该停下匆忙的脚步，祝她生日快乐，然后送上礼物，哪怕是我仅有的一个本子；或许，我应该抱抱她……可是，我都没有。只有这份疼惜，一直在我心中，却又不知该如何补偿。

第二年她生日那天，清早我就在班上宣布："今天表现最棒的小朋友我要奖励一个小礼物。"放学后，她作为当天表现最棒的小朋友，蹦蹦跳跳地领走了奖品——我早就准备好的蛋糕。

收宝多

学校给每个班送来一个"回收袋"，用于装可回收垃圾的袋子。一年级的孩子，最大的难题是怎么避免这个袋子损坏，怎么搞清楚分类，准确地把"可回收垃圾"丢进去。

"刘老师今天给大家带来一个新朋友！"

听见我的话，因上课铃响起还在气喘吁吁的小家伙们齐刷刷地盯着我手中的回收袋，瞬间安静了，有人忍不住开口说："塑料袋！"

"这可不是普通的塑料袋。它是有名字的。"我打开袋子，识字多的孩子念出了印在上面的名字："收宝多！"

"来，跟我们的新朋友打个招呼！"

孩子们兴致勃勃地呼唤出："收宝多，你好呀！"

"我们的新朋友收宝多是一个贪吃鬼。它最喜欢把肚子吃得鼓鼓的。"全班孩子大笑不止，眼神里写满好奇。

"但是它有个挑食的坏毛病……"未等我说完，就有人喊出："它只吃可回收垃圾！"

"是的。那你们知道它最喜欢吃什么吗？"一只只小手高高举起。

"卫生纸。"小予第一个站起来回答。我笑着望着她，说："卫生纸脏脏的，属于其他垃圾，它不喜欢吃。"

"那样的纸盒和塑料盒！"最靠近讲台的小航指着多媒体上面放的医药箱和一个纸盒说。

牛奶盒、塑料瓶、易拉罐、画过画的纸……孩子们把知道的可回收垃圾都说出来了。

"吃完的苹果核。"小睿的声音一直那么响亮。立刻就有孩子反驳，"那是湿垃圾。"我说:"是的,现在我们把它叫作'厨余垃圾'。收宝多可不能吃厨余垃圾,它会拉肚子的。"

"碎玻璃。"小鸿声音一出,就引起其他孩子的不同意见:"碎玻璃是有害垃圾,收宝多肚皮会被戳破的。"幸亏我之前咨询了专业人士,早有准备,知道碎玻璃属于可回收垃圾。"碎玻璃也属于可回收垃圾,怎么让收宝多吃进肚子里又不会受伤呢?"孩子们纷纷出主意,用袋子装,用纸包,用盒子打包……经过讨论,大家想出了很多可行的办法。

对新朋友有了一定的认识后,我再次让孩子们跟新朋友打招呼,把收宝多安家在教室后面。孩子们已经搜罗出很多可以投喂的物品,比如矿泉水瓶、作业纸,甚至是转笔刀,迫不及待地想要把收宝多喂得饱饱的。

带一年级的孩子,要有童心,教师言语之间的童真童趣更能吸引他们的注意力。不得不说,教师语言的魅力是无穷的,它能点燃学生的情感之火,激发其内在的积极性,能刺激学生的求知欲。校园就如同童话王国,谁不喜欢呢?

特殊的家访

　　"老师，他们都笑我！"尖着嗓子一路喊过来的就是小童。她走到我面前，声音刺耳却发音模糊。

　　"老师，他们都笑我是从垃圾堆里出来的，都不和我玩。"到了我跟前，她的声音越来越轻，直至听不见。

　　只见，她穿着一件破旧的粉红百褶裙，与其说是粉红色，不如说是黑色，上面的污渍早就埋没了原本的粉红，裙摆好几处脱落，胡乱悬着。往下看去，一双陈旧的凉鞋，已经断了一处鞋帮。脸上、腿上、脚趾……似乎没有一处是干净的。我牵起她的手，长度不一的指甲，塞满黑乎乎的东西。

　　"同学们可能对你有些误会，老师替你们解除误会好不好？"

　　"那他们不是真的不喜欢我对吧？"

　　"当然喜欢你，所以老师也希望你不要怪他们，好不好？"

　　"好的老师，我原谅他们了。"

　　"那你能答应老师，今后不管穿什么，都要保持干净整洁，好吗？"

　　"好的老师，我这就去洗洗去。"

　　安慰好了小童后，我意识到，是时候给孩子们开一个班会了，要让他们学会友爱，遇到有困难的朋友应该主动帮助，而不是远离甚至排斥。但同时，我也应该多关心一下小童，在我印象中，我见过几次她的父母，他们每次都很诚恳地说辛苦我了，要我多照顾些小童，所以，我也应该做一下家访了。

　　去小童家里之前，我给小童的妈妈打了个电话，大概了解了一下他们家的情况，所以我去的时候不仅买了一袋水果，还给他们带了两袋衣服。尽管做了一定的心理准备，但当我走进家门时，眼前的一幕幕还是令我目瞪口呆：客厅中，一张小桌子与几条高低不同的木凳似乎宣告着这个客厅的用处，而角落里那张堆满小童兄妹破旧衣服和被子的床，让这个原本拥挤的地方显得窘迫不堪，床旁边摆着的那台旧式电视机，应该是他们家里最贵重的东西；左手边的一间房间，堆满了各色各样的小东西，一看就知道是外面一样一样捡来的；右手边的是小童父母的卧室。矮小柜子中只有两三件不成样的衣服，床上的被子仍然是褪色的，破旧的。在整个房子里，我都无落脚之地。

尽管如此，小童的父母还是很热情地买来了无花果、瓜子和饮料以招待我。看着满桌子的东西，我一阵心疼。这些珍贵的食品，饱含着他们对老师崇敬的真挚感情。

经过交谈，我了解到，小童的父母是靠回收废纸维生的。他们艰苦经营，只为多赚钱为孩子们的未来打算。他们各自只有一套像样的衣服，还是当初结婚时买的。这么多年，每次有重大活动，他们都会穿上这一套。只是，岁月冲刷，衣服也变得老旧。

对于我送过来的衣服，他们没有表现出我想象中的尴尬和羞涩，小童妈妈感激地收下，并且一件件地把衣服套在身上，要我们看好不好看。她的脸上，如同孩童时的我们看到了糖果，洋溢着激动和快乐。

从那以后，小童妈妈每次来学校都穿着我送的衣服。两年多了，每个季节我都会收拾一袋衣服让小童带回去。每次学校有资助学子的机会，我也都会帮小童争取。我告诉小童，我把她妈妈当姐姐，所以才愿意和她分享。我告诉她，因为我喜欢她，才把很多机会给她。我在小心翼翼地维护小童妈妈，维护小童心里的自尊。我想伸出援助之手，却又怕给他们带来别的伤害。幸亏，贫亦坚，贫亦乐的他们，很乐观地面对着这一切。

生活在继续，能做的，我也不会放弃。

捉蜗牛

不知是秋雨的召唤还是湿泥的包容，蜗牛开始一只只地蔓延在教室前坪的花坛中。这对一年级的小朋友来说，是大自然赐予的莫大礼物。他们捉来一只又一只的蜗牛，放在地上，放在课桌、瓶子、纸张中，肆意地把玩着。这当然是不行的，残害蜗牛不说，蜗牛身上带来的细菌对孩子也不好。作为班主任，我不得不采取些行动。

随即，我在班上下了禁令——不允许捉蜗牛。可是，事实并不像想象般顺利。"老师，谁谁谁捉蜗牛了。""谁谁谁，又捉蜗牛了！"打报告的声音不绝于耳，甚至于前更甚。禁令好像把原本不捉蜗牛的学生的兴趣也调动了起来。这可怎么办？

经过苦思冥想，我想到了一个妙招。

第二天，我便利用午自习的时间，播放我制作的PPT。课件中一只只鲜活的蜗牛吸引了所有人的目光。教室里沸腾起来。接着，我向他们介绍了蜗牛的外形特点和作用，以及它的生活习性。教室里面变得出奇的安静，所有人的眼神都聚焦在我身上。谈到蜗牛的药用价值时，教室里面又开始沸腾了。孩子们七嘴八舌地讨论起来，蜗牛似乎成了他们新认识的朋友。为了拉近他们与蜗牛的距离，我布置了一个小作业——写出你眼中的蜗牛是什么样的，可以是一句话，也可以是一段话。

孩子们一听这个作业都跃跃欲试，纷纷奋笔疾书，不一会儿就有小朋友举手表示写完了并想要分享，就这样，孩子们一个接一个地分享着自己的感受，好不热闹。

时间总是飞逝，午自习很快就过去。从那以后，我几乎没再听说有人捉蜗牛了。意外的收获也接踵而来。每到课间，就有小朋友围着我问关于蜗牛的事情。连平素胆小羞涩的小宣和小俊也跑到办公室，悄悄地问我："老师，蜗牛是怎么吃东西的？""老师，蜗牛会不会死呢？"……

苏霍姆林斯基说："最高的规范就是自由。"因此教师的任务不是约束学生，而是为学生提供自由空间，引导学生学会自由地思考和自觉地自我约束。

我要努力拥有一双会肯定的眼睛、一张微笑的面孔、一个智慧的头脑，更要拥有一颗宽容的心。

第二章

书声琅琅二年级

写话训练

二年级的学生已经有了初步的语言积累，应该适时做些写话练习，为以后的习作打好基础。基础教育课程改革语文课程标准对小学低年级的写话训练提出了明确的要求：小学低年级写自己想说的话；写想象中的事物；写自己对周围事物的认识和感觉。那么如何自然、有效地进行写话训练呢？有以下几种方法。

一、连词成句

句不离词，在语文课堂上，我会要求学生把学习的新字词连起来说一段话。口语交际完成后，再让学生把说的话写下来。例如在人教版二年级下册第十课《葡萄沟》一文中，就有这些生字——沟、疆、番、鲁、蜜、梯、维、吾、够、碉、堡。有一个学生是这样说的："今天，爸爸带我到新疆吐鲁番维吾尔族的一个朋友家玩。他家里有番茄做的碉堡，蜂蜜做的水沟，我很想看看，可是我太矮了，怎么也够不着。于是，我背来梯子，很快就拿下来了。我非常开心。"孩童的世界，碉堡是番茄做的，但是，只要学生能够合理运用字词，这样丰富的想象力未尝不可。

二、仿写

课文中非常有趣且适合仿写的段落，我会让孩子们仿写，这既是对课文内容的拓展理解，又是写话训练。二年级上册《假如我有一支马良的神笔》，我就让孩子们仿写，孩子们有许许多多写得非常好的句子。"假如我有一支马良的神笔，我要给我外面的蚂蚁画一个房子，让蚂蚁在房子里吃东西，不要在外面搬家。""假如我有一支马良的神笔，我会给贫穷的人画一个大大的房子，让他们在下雨天不会被雨淋。""假如我有一支马良的神笔，我要给灾区的小朋友画书、房子、鞋子、吃的、铅笔、文具盒、床、书包……让他们不在寒冷的北风中受苦。""假如我有一支马良的神笔，我要给乡下的小朋友花很多钱。""假如我有一支马良的神笔，我要给老人画很多雷锋来帮助老人。"又比如二年级上册语文园地里有《谁和谁好》一文，我让孩子们仿写。"谁和谁好？人和动物好，我们都爱护动物，动物对我们微微笑。""谁和谁好？老师和同学们好，老师送给我们知识，我们对老师微微笑。""谁和谁好？衣服和裤子好，天天在一起，不哭也不闹。""座子和椅子好，它们拥抱在一起，说着悄悄话，不打也不闹。""谁和谁好？我和妹妹好，一起跳着舞，一起去上学。"

三、续写

我会根据课文内容，让学生继续构思，写下自己想象的情节。《小小的船》一文为我们勾画了一幅宁静的夜晚图。我让孩子们续写。孩子们把美妙的夜空描绘得更美丽了。有一位小朋友是这样写的："夜晚，静悄悄的，我来到窗前仰望天空，无数的星星在空中一闪一闪地眨着眼睛。月亮像小船，弯弯地挂在静谧的天空。我国的嫦娥二号已经飞上了月球，我也多么想去啊！想着想着，我好像飞上了月球，跟月球一起遨游太空。忽然，一阵虫鸣，把我从想象中唤醒。月亮露出了笑脸，她在邀请我去做客哩！"

四、看图写话

根据一幅图，也许是写人，也许是记事，也许是写风景，让孩子们根据图片，写出自己的话语，这是低年级写话练习的重头戏。

五、命题

有时候，我会采取命题的方式来练习写话。比如，写一个简单的自我介绍，种植物写下经过，观察自己养的动物后写观察日记，或者写一封信。孩子们的笔法和语言，完全出乎我们的意料。

二年级是写话的正式开始阶段，是很重要的阶段。方法再多都需要学生积累大量的词汇和句子。在不断训练学生写话的同时，我会加强学生的阅读习惯培养，让孩子们在阅读的海洋里收获满满的写话的种子。

苏霍姆林斯基在《给教师的建议》中有这样一段话："课外阅读，用形象的话来说，既是思考的大船借以航行的帆，也是鼓帆前进的风。没有阅读，就既没有帆，也没有风。阅读就是独立地在知识的海洋里航行。我们的任务，就是让每一个学生尝到这种航行的幸福，感到自己是一个敢于独自闯进人类智慧的无际海洋的勇士。"教师的引领，是让孩子走出语文书这座湖，让学生投入更大的阅读海中，奋勇前行。进而逐步培养学生探究性阅读和创造性阅读的能力，多角度地、有创意地阅读，利用阅读期待、阅读反思和批判等环节，拓展思维空间，提高阅读质量。

小学低年级趣味识字教学方法初探

阅读的基本要求是要识字，而对于小学低年级趣味识字教学方法，我个人有一些研究，在这里和大家分享一下。

语文《新课程标准》对识字教学提出了"会认"和"学会"两种不同要求。小学阶段要求学生会认3000个汉字，会写2500个汉字。其中低年级要求会认1800个汉字，会写800~1200个汉字。艰巨的识字任务是小学低年级教学的重要内容，也是教学的难点。

对于低年级的小学生，要在短期内大量掌握汉字和识字方法，难度可想而知。这就需要教师根据学生的年龄特征，创设直观形象的教学情境，采用灵活多样的教学方法，变抽象为具象，变枯燥为生动，让学生在充满情趣、充满童真的情境中轻松愉快、生动活泼、扎实有效地学习汉字，从而最大限度地激发学生兴趣，提高教学效率，为今后的语文学习打下坚实的基础。

一、以插图、实物为桥梁，直观形象学汉字

小学生往往对直观形象、色彩、声音更有兴趣。在教学中，如果能充分利用课文的插图和生活中的实物图片或者实物本身，学生会更感兴趣，印象更深刻。比如，人教版小学一年级的课文《在家里》，内容如下：

沙发　茶几　报纸　书架

台灯　挂钟　电视　电话

晚上，爸爸在看报，妈妈在看电视。我给他们送上水果。爸爸妈妈笑了，我也笑了。

针对前面的词语，如果教师能在教学生字时出示实物图片，甚至引导学生注意教室里已经有的实物，比如"书架、报纸、挂钟"等，学生印象会更深刻。课后，要学生制作词条，给家里的每样东西都贴上标签，也是利用实物为桥梁，让学生学习更扎实。教学中充分利用情景图和实物，可以让学生在抽象汉字符号与具体实物之间建立起联系的桥梁，化抽象为形象，变无形为有形，使学生直观形象地学汉字，会收到事半功倍的效果。

二、以游戏活动为主线，寓教于乐认汉字

儿童心理学告诉我们，低年级学生是一个特殊群体，他们的注意力很大程度上取决于对事物的兴趣。低年级学生学得快、忘得快，要想将暂时记忆有效化，变成长期记忆，就要经常复习，但单调的复习会让学生感到乏味。而喜欢游戏是学生的天性，对儿童来说，游戏就是生活，游戏就是学习，所以教师在教学过程中应充分利用学生好奇心强、对活动性刺激反应敏感的特点，来设计符合学生学习发展的课堂活动。在复习巩固时，教师穿插一些游戏，可以把课堂气氛推向高潮，使学生进入最佳学习状态。比如"大小声"游戏，全班起立跟老师读，老师大声时学生小声跟读，老师小声时学生大声，违反规则的学生只能乖乖坐下，看其他同学玩。还有许多游戏，比如"找朋友""猜一猜""传一传""送信""打电话"等。甚至，可以把比赛性的游戏引入课堂。比如，"夺红旗""开火车""爬山""摘苹果"等。有趣而激烈的竞赛游戏，既提高了学生学习的积极性，又巩固了汉字教学的效果。

但在游戏教学中，教师既要宏观把握，注意事前强调游戏规则，游戏要有及时性和针对性，又要做到知识性与趣味性相结合。教师要参与游戏，不过分监督和干涉。总之，在教学中开展游戏活动是符合儿童的认知规律和年龄特点的。

三、以自制学具为载体，学玩结合学汉字

教育家苏霍姆林斯基说过："儿童的智慧在他的手指尖上。"低年级的学生尤其好玩、好动。让学生在动手操作中感知知识是最深刻，也是最牢固

的。为此，教师可以经常结合教学内容让学生自制一些学具，并且教给他们"玩学具"的方法，通过动手实践吸引学生注意力。

制作生字卡片，给生字找朋友。学过的生字，教师制作成生字卡片，然后让学生给生字找朋友——组词。课间，让学生拿自己的生字卡片考一考朋友，看其是否能读准字音，理解字义，还可以把所有学过的生字玩搭火车的游戏，你一张我一张地搭火车，每放一张就要念出卡片上的字并且组词，当与前面的字同偏旁、同读音时就可以把两张卡片之间的卡片全收走。

制作部件卡片，拼一拼变新字。低年级要认识汉字的偏旁，教师可以把汉字偏旁和其他部件分开，制作成卡片。打散顺序后，再把它们摆拼成汉字。这样学生既加深了对汉字结构和偏旁的认识，又巩固了新认识的字。

制作字谜卡片，趣味互猜。教师可以把汉字编成顺口溜，或者编一编字谜，或者也可以让学生画一画汉字的演变过程，或者画出汉字意思的意境图，同学之间相互猜一猜。动手与动脑相结合，同学之间相互学习交流，学生兴致盎然，学习自然变成了一件快乐的事情。

新课程倡导主动参与，乐于探究，勤于动手的学习方式，在教学中以自制学具为载体，可以调动学生多种感官参与，将学生带入一个动手、动脑、动口的学习状态中，学玩结合，玩中求学，乐中求知，巩固所学。

四、以生活实践为外延，学以致用记汉字

回归生活，让教学与生活紧密相连，是新课程教学的基本特征。以生活实践为外延，可以拓展识字教学时空，为学生创设一个学习汉字的生活大环境，在生活中学汉字、用汉字，在学用结合中提高学生的语文综合能力。

首先要给孩子创造一个学习汉字的生活环境。教室里，布置专门的一个板块，教师和学生一起动手把它布置成汉字的世界，分成汉字天地、字谜天地等板块，把学生制作的优秀的卡片粘贴在上面。进入教室，就像进入汉字王国一样，随处可看，随处可学，起到潜移默化的作用。同样地，学生家里也要有这种氛围，把学生平时学得不够扎实的汉字卡片贴在卧室墙壁上，让汉字无处不在。家庭教育和学校教育相结合，形成教育合力，更好地促进孩

子的学习。

生活的外延就是学习的外延，教师可以布置开放性的作业，让学生把校内的知识用到校外，让学生知道生活中的一切时间和空间都是他们学习的课堂。如给身边的物品都标上汉字标签，要孩子们去认读广告牌、指路牌、街名、店名、商品包装名，制作手抄报，读报刊，给家人朋友写信等，这样孩子们的学习与生活实际有机结合起来，既培养了学生的学习兴趣，扩大了知识面，又让其体验到了学习汉字的成就感。

汉字学习关系到语文及其他学科的学习，直接影响到学生今后的学习生活。作为教师，我们要遵从学生的身心发展规律，乐其所乐，好其所好，用学生最喜欢的方式，扎扎实实学好汉字，用好汉字，为语文学习打基础，为美好人生铺路。

亲子阅读那点事儿

我们班数学老师曾和我说，我们班的孩子上课特别认真，思维非常活跃，特别是一些理解能力强的孩子，他们能把班级的整体学习氛围带上来，课堂显得极其生动，老师上课也觉得异常轻松。然后，数学老师向我说了一连串的名字。我的心里立刻就想起，这些孩子的家长都有在作业记录本里反馈，孩子是一直有坚持阅读的！

这些孩子，有部分是家长读给孩子听的，有部分是孩子自己独立阅读的。我不知道个别家长是用什么方法让孩子那么早就识字了，而且识字水平能够达到独立阅读的地步。在一年级，我就可以看到，他们的起点似乎比其他孩子更高些：他们腹有诗书，在同学、老师面前更自信、更大胆、更愿意展示自己；他们理解能力强，老师一点就通，学习更有效率；他们比其他孩子多了些沉静、毅力和自律……所以阅读的重要性，不言而喻。

在我接到带班消息的时候，很多家长就问我关于培养孩子阅读习惯的建议，我也一直在思考、在摸索，怎样培养孩子的阅读习惯，怎样让孩子的阅读有梯度、有深度地一步步走得更深更远。下面是我给家长们的一些建议。

首先，家长一定要给孩子选择适合的课外读物。名著改编的拼音读物，我认为如果是为了让孩子学习认字而买其实有些得不偿失，孩子们在不能独立阅读时被逼着认读这些枯燥的拼音和文字对他们的阅读兴趣极具杀伤力，并且改编的故事精简不一，有些故事已经失去了本来的面貌，所以我建议孩子们有了一定的阅读基础后一定要读原著。国学读物类，是可以熏陶孩子的文学素养的，但如果没有专门的引领和指导，孩子对于这类读物是不会凭空产生阅读兴趣的，如果家长有这方面的能力或者兴趣，可以试着在家里带着孩子们读一读、背一背。日后我也会把国学引进班级阅读活动中来，家长们只需紧跟步伐一起督促孩子们就好。自然科学类，如果孩子有这方面的兴趣，在低年级这个阶段，是很适合亲子阅读的，孩子不仅要有求知欲望还需要有很强的探索欲望，这类书籍可以很好地满足孩子们的好奇心。

下面我要重点说一说绘本，这是我力荐的适合低年段孩子阅读的书籍。所谓绘本，其实就是图画书。绘本中的文字非常少，但正因为少，对作者的要求更高：它必须精练，用简短的文字构筑出一个跌宕起伏的故事；它必须风趣活泼，符合孩子们的语言习惯。因此，绘本的作者往往对文字仔细推敲，再三锤炼。更值得一说的是图，绘本利用图画讲故事的方式，把原本属于高雅层次、仅供少数人欣赏的绘画艺术带到了大众面前，尤其是孩子们的面前。这些图都是插画家们精心手绘，讲究绘画的技法和风格，讲究图画的精美和细节，是一种独创性的艺术。可以说，好的绘本中每一页图画都堪称艺术精品。绘本中要读的绝不仅仅是文字，更重要的是从图画中读出故事，进而欣赏绘画。当然，绘本不能立竿见影地实现我们对孩子的所有期望，但绘本中高质量的图与文，对培养孩子的认知能力、观察能力、沟通能力、想象力、创造力，还有情感发育等，都有着难以估量的潜移默化的影响。绘本是最适合孩子阅读的图书形式。关于儿童心理学方面的研究认为，孩子认知图形的能力从很小就开始慢慢养成。虽然那时的孩子不识字，但已经具备了一定的读图能力，如果这时候家长能有意识地和孩子们一起阅读绘本，营造温馨的环境，给他们读文字，和他们一起看图讲故事，那孩子们从刚开始接触到的就是高水准的图与文，他们将在听故事中品味绘画艺术，将在欣赏图画中认识文字、理解文学。比起那些一闪而过、只带来一时快感的快餐文化，欣赏绘本无疑是一种让眼睛享受、让心灵愉悦、让精神提升的美妙体验。

阅读从来都不是一件功利的事情，但如果真心爱上了阅读，就一定能从中得利。很多对的事情，你做了，一两天、一两个月甚至一两年都不会有你想要的结果，但是你还是坚持做，一定会有柳暗花明的那一天！这也印证了那句话：教育，是个慢活！慢下来，用孩子的节奏去要求孩子；慢下来，用孩子的心灵去感悟孩子；慢下来，与孩子一起阅读，不仅可以拉近你与孩子的距离，更能滋养一颗不骄不躁的心！

　　我感觉我们的阅读启蒙真的是非常有必要了，而且孩子们是非常期待有人跟他们讲故事的，从每天吃完饭后我利用课间时间给他们讲故事时他们的兴奋和期待中，我就能看得出，他们需要这样的陪伴和滋养。

　　接下来我将会从图书馆借阅一批绘本，实行轮换制阅读形式，孩子们每天至少可以阅读到两本优秀的绘本，一个学期下来，孩子们可以读一两百本书，这是个非常了不起的计划，我正期待着我们的孩子成为一条条小书虫呢！与此同时，我呼吁每一个家长都加入我们的班级阅读活动中来，每天至少留有半个小时的亲子阅读时间，营造浓厚的阅读氛围，让孩子拥有一个舒适、愉悦的阅读环境。

　　让咱们一起为孩子们心灵之路的开荒而努力吧！

在《弟子规》中浸润

10月，我开始带着班上的孩子读《弟子规》。

每周一，我都会带着孩子们读五句原文及解释句意。然后接下来的周二至周日，孩子们会在课下熟读甚至背诵其中一句原文，并且，我还会给孩子们留一个额外的小作业——阅读原文后的小故事。我坚信日积月累的力量，也期待着孩子们给我带来的惊喜。

某天，第三节课课间，有个小朋友没有经过我同意就拿了讲台上的五颜六色的磁铁在玩，我走到他面前说："磁铁是老师的，你没有经过老师的同意就拿过去玩是不是不对呢？"立刻，旁边的小源就脱口而出："物虽小，勿私藏。苟私藏，亲心伤。"小朋友立刻意识到自己的错误，然后向我道歉："对不起，老师，以后我不会再犯同样的错误的。"

第五节课，我先带孩子们学习了本周《弟子规》的内容。由于还有充裕的时间，我便带孩子们学写生字"中、五、立、正"。当孩子们都安静地书写时，我见小憶小朋友突然抬起头欲张口喊话，只见他嘴虽然完全打开了，但却突然用手捂住了自己的嘴巴，举起了手。为了不打扰其他小朋友，我走到他身旁，他拉起我的双手，我顺着他低下身子，他附在我耳边轻轻地说："止加一横，就是正。"原来，他有了重大发现，但平日有话就喊的他，今天怎么这么神秘，暗藏玄机？

其实，我深深会意到，因为今天学习的《弟子规》里有这样一句："尊长前，声要低；低不闻，却非宜。"想来，他是听得很认真，在那一刻的恍惚间，觉得自己应该要那么做。

两个孩子平日里虽然有些调皮，但是在文化的日益熏陶中也能做到知书达理。

是的，《弟子规》不仅仅是国学经典，有利于学生语言积累，更能教会孩子在待人接物以及学习上应该恪守的行为规范。有教师的引导、家长的用心督促落实，我想，在《弟子规》中浸润的孩子定是受益匪浅的！

以《艾玛过化妆节》促阅读

今天已经按照学号把绘本书发下去啦，孩子们捧着一本本精美的图画书，下课了还舍不得出去玩，有模有样地翻阅着，甚至有的孩子上厕所都是抱着书去的。这一幕幕，真是可爱至极。

这一次轮读的书籍主要是鼠小弟系列和艾玛系列。相对而言，艾玛系列的图画更复杂，文字更多，阅读会更难。所以在发书之前，我利用了一节课的时间，带着孩子们一起阅读《艾玛过化妆节》。主要目的，是激起孩子们的阅读兴趣，教孩子怎么去读绘本。

"同学们，我们见过的大象是什么颜色的？"

"灰色的。"孩子们异口同声地回答。

"可是，我们今天要认识一位新的大象朋友，瞧，它是什么颜色的？"我把绘本的图片都拍摄好了，制作了课件，放在电脑上。第一页出现的就是绘本的封面，我们的故事主角艾玛占了大半个封面。

我的问题一出，孩子们齐刷刷地都举起手来。

"五颜六色的！"小源自信大胆地回答。

"五颜六色这个词语用得好！瞧，他身上一格一格的，什么颜色都有，多特别呀！你们知道这五颜六色的大象朋友叫什么名字吗？"

三三两两的孩子举起手来。小娴最快，我请她优先回答。

"它叫艾玛。"

"真是见多识广，你怎么知道的？"

"我读过艾玛的书。"

"你是爱阅读的孩子！谁还爱读艾玛的书？"十几个孩子举起手来，不乏犹犹豫豫、看着让人难免以为是滥竽充数的孩子。没关系，今天的目的是鼓励孩子阅读，于是我对这些举手的孩子都大肆表扬了一番。

"艾玛是一头自信、勇敢、乐观的大象，它有时候还喜欢恶作剧。看，化妆节要到了，艾玛做了什么恶作剧？"

于是，随着一幅幅图片的出示，孩子们的眼睛睁得大大的，所有孩子的眼睛都注视着屏幕，所有孩子都屏住呼吸，似乎怕吓跑了我们的大象朋友艾玛。

于是，根据故事情节，我接连提出了好几个问题。

"化妆节到了，所有灰色大象都会化装成五颜六色，艾玛会化成灰色。艾玛觉得无趣，约好朋友一起恶作剧。他会想出什么主意呢？"

孩子们天马行空地自由想象着人物心理。

"那大家醒来都被化成了五颜六色，相互见到对方，会怎么打招呼呢？"

让孩子们揣摩人物语言，"都以为对方是艾玛，都会说：'你好呀，艾玛！'"

"为了知道谁是艾玛，他们想出了什么好办法？"

"都跳到水里洗，艾玛的颜色是洗不掉的。"

"你是怎么知道它们用的是跳进水里洗的办法呢？"

连续三个小朋友都只是说出了跳进水里洗的办法。只有小谊说，图画中画了，大象们都跳进了水里洗，水都被染成了各种颜色。所以，这次我只表扬了小谊，目的是引导孩子们，看文字的同时，也要仔仔细细地观察图片。

"可是，艾玛洗了也变成了灰色，这是为什么呢？大象们又怎么办呢？"

几乎所有孩子都举起了手。小琴说，因为图片中的水都是五颜六色的；小萱说它们可以再跳进水里洗……看来，孩子们已经会从图片中了解故事内容了。最后的"真假艾玛口水大战"辩论会，十几个孩子发表了自己的看法，让想说的孩子，都有机会站起来表达。

故事结束了，孩子们都问："老师，还有吗？还可以再讲一个故事吗？"我说："谁能坐得最端正，听得最仔细，就能把艾玛请到他们家里。"孩子们立马做得端端正正，笔挺笔挺的。借机我把班级的轮读要求和孩子们仔仔细细地说了一遍。然后，孩子们静静地排着小队，到我手里接过书籍。时间掐得刚好，最后一位孩子接过书，下课铃声就响了。我再三提醒，可以上厕所，喝水，去玩一会儿了。可是，孩子们却都捧着书籍，一个个的眼神都在书上，舍不得离开。小曦、小艺、小文等小朋友走出教室，来到走廊，手里仍旧是捧着书。待我回办公室，却见小安小朋友一手夹着书，一手提着裤子，从厕所出来。书籍的魅力，毋庸置疑。

这节课，让想说的孩子都有机会表达，是成功之一。成功之二，孩子们都知道了，阅读绘本可以这么做：先自己根据认识的字和图画猜故事，把猜的故事说给家长听；再邀请爸爸妈妈一起指着读一读故事。最后，自己再从头到尾读一读。成功之三，是极大地激发了孩子们的阅读兴趣。兴趣才是最好的老师！

每周一首古诗《长歌行》

  根据小学生必背古诗70首的顺序，我每周一都会将一首古诗写在学校配备的小黑板上，并且配上相应的插画。然后带着孩子们正字音、释字义，让他们不但读得正确、流利、有节奏，而且要有感情。平日课堂，我便以古诗为口令训练课堂常规，到周五前，我要求每位孩子都要背诵过关。

  我们的第一首古诗《长歌行》非常长，但是经过大家的努力，全班的孩子都能背诵了。周一我在班上详细讲解，带着孩子们纠正读音，反反复复读熟。周一晚上便要求孩子们在家里再熟读成诵。周一至周五每天午自习和第五节课前，小老师拿着小黑板带着孩子们一遍遍再读。语文课上，我以这首古诗为常规训练的口令，我说上句，孩子们接下句，并且端端正正地坐好。比如我希望孩子们都坐端正听我讲课，我会喊口令："少壮不努力。"孩子们立刻接："老大徒伤悲。"孩子们边念口令，边坐端正，眼睛集中在老师身上。就这样运用各种途径反复进行练习，孩子们磨耳朵也磨熟练了。当然，周末还需要再过一次关，就是让个别可能会忘记的孩子再熟练一次。在这个古诗的学习上，我的原则是不给家长们增加多余的负担，而让孩子们有所收获。但是，个别孩子如果这样还是跟不上，就需要多辛苦家长，与我进行良好的配合。

举办读书大会

我在暑假构思已久的读书大会，今日终于成功举办。

小晨是第一个吃螃蟹的人，他举手，我毫不犹豫地点了他。需要表扬的是，他不但声音响亮，而且读得也很正确，但遗憾的是，却不够流利，没有做到有感情地朗读。听众的耳朵是灵敏的，所以小晨并没有得到太多票。但由于他的积极、自信、大胆，我还是破例奖给了他一枚精美的书签。

接下来，勇敢的小朋友们都纷纷上台朗读了自己的习作《这就是我》，他们中有表现良好甚至优秀的，他们幽默有趣的语言，生动形象的描述，引起了同学们的阵阵欢笑，同学们也以高票作为回报，所以他们当然也都拿到了精美的书签；当然，他们中也有因为各种原因而表现不佳的，比如声音不够响亮，朗读不够流利，或是紧张无措，尽管他们在第一次读书大会上没有尽情发挥出自己的正常水平，与书签擦肩而过，但我相信，今后的他们一定会越来越好，他们只是错过了一时的奖赏，一时的风光，而且比其他同学收获了更多的经验与反思。

第二关是《爱的教育》的反馈。读出你喜欢的句子，并且说说你为什么喜欢。小蕾在第一关挫败，第二关她又卷土重来，终于以精彩的表现获得同学们的认可。同学们见到小蕾的成功逆袭也都鼓足勇气，纷纷上台，百家争鸣，各展风采。

这次举办读书大会是想借此机会引起孩子们阅读与习作的兴趣，也用这样的方式弥补孩子们在朗读上的不足，锻炼孩子们台上的表现力，这次尝试非常成功，所以今后仍会再办。我也在家长们口中得知，很多孩子在课前都做了十足的准备，虽然最终仍旧没有突破自我，勇敢表现，可是相信他们在下一次，下下次，一定会有出色的展示。小勋妈妈说，小勋拿到了书签很开心，回去兴高采烈地给在外地的爸爸打电话分享自己的喜悦，并且把自己的习作再一次念给爸爸听。之前小勋一直对语文的兴趣不浓，让我很是担心，他的喜悦，让我看到了希望。

读书大会仍然要坚持，只有坚持，才能看到最后的彩虹。

《板凳和扁担》和《中国话》

"板凳宽，扁担长，扁担绑在板凳上。板凳不让扁担绑在板凳上，扁担偏要绑在板凳上。"《日有所诵》第113页为绕口令《板凳和扁担》，带孩子们熟悉这个绕口令时，孩子们兴趣盎然，但背起来也确实存在一些困难。

所以为了降低难度，我想到了一个妙招——节奏版练习。

歌手SHE组合有一首歌曲叫《中国话》，其在歌词中就穿插了这首绕口令。中午吃饭期间，我找出了这个歌曲的MV，让孩子们在轻松欢快的歌曲中慢慢享受午餐。午餐间，孩子们不仅赞叹歌手的绕口令唱得好棒，更为MV中展现的中国文化忍不住发出阵阵惊叹。

吃过午饭，我发现孩子们不由自主地跟着歌曲中的旋律，有的哼唱着，有的学着里面的舞蹈，不亦乐乎。

教师就是要物尽其用，想方设法地利用各种契机，调动孩子们的学习积极性，为孩子找准学习方法。

第三章

妙笔生花三年级

我们三年级啦

盼望着，盼望着，三年级就来了，我继续担任4班的班主任和语文老师！

新学期孩子们都成长了，更成熟了！

我刚踏上三楼，小晶就张开双臂，风一般扑来，说道："刘老师，你终于来了！"我瞬间融化在小小的手臂送来的大大的怀抱里。在教室门口的孩子也欢呼着跑来，把教室里的其他孩子也都吸引出来了。他们还是那么喜欢我！

我走进教室，孩子们都齐刷刷地坐得笔直，眼神里透着惊喜。我没有用"小蜜蜂"，但是我的声音仍然能够穿透教室，传到56位孩子的心里。

"开学典礼马上开始了，我们的新朋友小琪没有戴胜利花。"

"老师，我借给她，我借给他！"一群孩子热情地挥舞着自己的劳动成果，小洲第一个抢先，把胜利花送到了小琪手上。

由于一二年级都是在教室吃饭，而三年级则要到食堂吃，所以我担心孩子们忘记纪律，担心教室从一楼突然换到三楼不适应，于是便带着孩子们学习有秩序地上楼、下楼，练习排队吃饭。要求一遍一遍，不断重复。在食堂，我还向食堂工作人员要来了盘子、碗、勺，让他们坐在指定的位置上，看我详细地示范排队拿勺子、端菜、端汤、打饭、回收盘子、带走剩饭菜……我起初还担心孩子们没有听进去，可是到了吃完饭时，孩子们纪律性特别好，出奇地安静。小诚、小洁还主动收拾起同学掉在桌上、地上的饭菜。孩子们懂事了，接受能力更强了！

饭后上楼，小景、小雯、小琪在我前面。小雯主动牵起了小琪的手，并行的两人跨过了楼梯中间分界的黄线。"快过来。"小景把小雯拉到了黄线右边："刘老师说了，上下楼梯走右边。不能踩地雷。""地雷"是我对黄线的称呼。这清脆响亮的声音一响起，原本想跨越黄线，奔进办公室早点把卫生安排好的我，默默地跟在了她们后面。孩子们已经学会遵守纪律！

　　虽然我同之前一样整天都围着他们转，没有停过。可是，我明显感觉没有以前那么累了。他们已经不需要老师操太多的心。他们都已经快速地适应了三年级的节奏。能够继续见证他们的成长，能够有机会和他们一起成长，我觉得心里暖暖的。我想抱抱他们，如同阳光与万物，那么自然，那么贴切，融化在一起。

润物细无声

小星是我一手带上来的学生，刚入学时，我就发现她总是沉默不语，起初我认为她可能是因为性格所致，所以就没太在意。但经过长期相处与观察，我充分意识到，小星的沉默完全不同于其他的孩子，她过于羞涩与内敛，已经造成了学习、生活、社会交往的困境。随之，我尝试采取了许多措施，想方设法地对她好，真心实意地找她谈心，她的状况却时好时坏，不见起色。

在与她父母沟通后，我怀疑她也许是得了"孤独症"，俗称"自闭症"，又称孤独性障碍（autistic disorder）等，是广泛性发育障碍（pervasive developmental disorder，PDD）的代表性疾病，主要特征是漠视情感、拒绝交流、语言发育迟滞、行为重复刻板以及活动兴趣范围的显著局限性，一般在3岁以前就会表现出来。自闭症者"有视力却不愿和你对视，有语言却很难和你交流，有听力却总是充耳不闻，有行为却总与你的愿望相违……"，人们无从解释，只好把他们叫作"星星的孩子"——犹如天上的星星，一人一个世界，独自闪烁。

小星的情况很类似，拒绝交流，喜欢独处，不管怎么哄怎么聊，她都一言不发，就算用尽千方百计终于让她开口了，她也只是挤出几个字，你只能从她微微蠕动的嘴唇来判断她的言语。更不要说让她在大庭广众之下举手发言。而且，无论写字、画画，她的速度也比其他孩子慢许多。

这种情况持续了两年，其间，我和她父母也尝试过许多方法，希望能让她有所改变，但无论我们如何努力，似乎她还是原来的样子。

尽管收获不大，但我仍然相信，只要我们继续努力，她会有所好转，所以我绝对不会放弃她的。而我对待她的态度只有一个，那就是柔，自始至终的柔，用无尽的爱和鼓励慢慢融化她内心的坚冰。

"小星，一个暑假不见，你更漂亮了呀！"开学报到见到她的第一天，我就笑脸盈盈地面对她。她莞尔，害羞地扑闪着浓密的长睫毛。美好的生活，开始了。

开学第一周，我评她为暑期作业优秀完成者，并给她发了奖状。

开学第二周。我总共和她聊了两节课的时间，她仍旧一言不发。可她始终微微笑，我感觉得到她对我没有了以往的敌意。

"你的字写得太漂亮了。看，干净、整洁，特别工整秀丽，是班上数一数二的好字呢，没人比得上你。"

"而且，我看得出，你的作业特别认真，你上课也很认真，作业的格式都是完全正确的。"

"我检查了好多同学的书，都没有做好预习和生字抄写。你的预习还提出了自己的问题。作业特别棒，和你人一样，特别让人喜欢。"

"咦，你背书的地方，都签了字。一定都背得特别流利了，是吗？"

"你写的这段话很美，你的写作能力真棒！"

尽管我的每一个问题她都没有回答，但她都做了回应，微微点头，我受宠若惊。

"你愿意背给我听听吗？"

"好！"很微弱的声音，我却明白了一字千金的意义。

说实话，她背的我一个字也没有听清楚，可是，我知道，她愿意开口了！我以此为契机，大肆表扬了她的好学、好读与认真。为此，我奖励了她最高荣誉奖品——书签。

她明亮的大眼里闪出魅人的光芒。

果然，功夫不负有心人，从这以后，她每次见我，开始微微笑着，尽管我没有听到她亲口叫出"刘老师"，但我知道，我们已经进了一步。

收到甜头后，我信心大增，于是在接下来的课堂中，我开始不断表扬她，让她体会被关注的快乐，而她也不断给我带来惊喜：在小组讨论中，她能够主动去配合，主动发声；早读时，我经过她身边，也能听到她读书的微弱声音；最让我惊喜的是，每次的写作课她都完成得很好，所以我相信，写作应该就是她和世界沟通的最好方式。所以我总是会把她写的东西当成范例，让大家了解、欣赏她。

我每天早上来校，基本上都会遇到刚刚进校门的小星。渐渐地，我发现，只要我停下，她就会笑嘻嘻地向我奔来，顺溜地接过我手里的东西，提上楼去。虽然还是羞涩，还是忐忑，但是已有欢欣，已有雀跃。

所以我们又进了一步。

而后，我在班里改作业时她也会凑上来，偶尔也会参与对错的讨论。

小星一点一滴的改变我都看在眼里，喜在心里。

当然，孩子的改变是循序渐进的，是反复的，所以，关于小星的改变，还需要老师和家长付出更多的耐心，我相信，她一定会越来越好。

而现在的她只是和世界沟通的方式不一样，但她同样优秀，同样被人爱。

蚂蚁的故事

课间，有学生告状，说班上有同学"虐待"蚂蚁，抓到蚂蚁后，将其残忍地捏扁了。面对学生如此不珍爱生命的行为，我要重视。在和孩子们探讨生命的无价，让那几位同学认错后，我搬出了孩子们最喜欢的动画《别惹蚂蚁》。孩子们兴趣盎然。

看完了动画，我让孩子们来续编图画故事，于是一个个引人入胜、趣味十足的蚂蚁故事诞生了。

讲完故事后，我又拿出了曾经看到的一幅蚂蚁搬虫子的图片，让孩子们现场练练笔，写几句话。

孩子写完后，我让愿意分享的孩子上台分享自己的佳作，可以是一整篇，也可以是其中最让自己得意的句子。其间，孩子们都兴致高昂，而刚刚那几位"虐待"蚂蚁的同学也更加意识到自己的错误，在全班面前再次认错道歉。

整堂课，孩子们不但意识到生命的珍贵性，也锻炼了表达与写作能力，可谓收获满满。

《语文课程标准》说："语文教学应激发学生的学习兴趣，注重培养学生自主学习的意识和习惯，为学生创设良好的自主学习情境，尊重学生的个体差异，鼓励学生选择适合自己的学习方式。"这个故事也可以不局限于图片。寓教于乐，拓宽思维。"语言本身就是生命之声，语文活动就是生命的体现，语文不应是虚无缥缈的，不是多媒体的整堂展示，而是充满生命的活力，是师生思想的互动。理想的语文课是学生所想，思其所思，畅所欲言，是紧扣语言的特征，师生互动的心灵交流。"特级教师于漪是这样说的。教师不仅要充分利用音乐或视频等多媒体，更要让这两个途径发挥培养学生语文素养的作用。

语文是对秦砖汉瓦的向往；语文是对唐诗宋词的热爱；语文是大江东去的气势；语文是怒发冲冠的激情；语文是大漠孤烟的雄浑；语文是小桥流水的婉约。语文是民族之根。它无声地记载着本民族的物质文明和精神文明，记载着民族文化的地质层。

"教学的艺术不在于传授本领，而在于激励、唤醒和鼓舞。"（第斯多惠《德国教师教育指南》。）语文教学，除了语文书的教学，语文教师更应该寻求多种途径，激励、唤醒、鼓舞孩子，让孩子们在学习语文，培养语感，提高语文素养的同时，融入现实社会，运用于现实世界。要建构一种新型的教学生活，把教学过程还原为生活过程，把教学情境还原为生活情境，把教学活动还原为儿童的生命活动。

小小科学家

在我发给学生的奖状中，有这样一个荣誉称号——小小科学家。得到这个荣誉称号的是我们班的小骏同学。起初，他表现得很不起眼：小个子，老实本分，从不惹是生非，但上课总是喜欢盯着黑板发呆。每次请他回答问题，他都是一脸的茫然……

小骏的进步是从对科学的热爱开始的。

之前为了阻止孩子们捉蜗牛、蚂蚁，我在班上介绍蜗牛、蚂蚁的一些常识，激发了所有孩子的好奇心与热情。而小骏是其中最激动的一个。难得见他眼里射出火花，我让他说说自己的认识，写写自己的感受，我发现他对蜗牛、蚂蚁的了解很科学，很客观。对他的这一发现，让我也激动不已，于是每次我都特意表扬他。在孩子们惊羡的眼神中，他甚至激动地跑上讲台分享他的收获。

之后，针对孩子们对科学的热爱，我在课间休息的时候常常讲些自然生物的常识给孩子们听。小骏表现出了前所未有的积极性。继而，我发现，他上课不再发呆，每天都用期待的眼神等着我上课，然后在课堂上也积极发言，字一笔一画写得极漂亮，写作能力也提高不少。一下课，他就一路跟着我到办公室，和我分享他从《动物世界》里明白的道理，手舞足蹈，滔滔不绝。

情绪的传染

有人说，再温柔的老师，带调皮的娃也会变得暴躁，因为调皮的孩子太容易犯错，而且往往是持续地，反复地犯错，疲累的老师很容易被激怒，很容易情绪失控。

可是，在我看来，这种情绪失控是可以避免的，因为我能清晰地认识到：情绪是会传染的，我必须要保持平和的心态，温和的情绪。孩子们感受到我的平静，自然更能静下心来。能做到静心的孩子，不会轻易与同学产生矛盾，学习也更得心应手；孩子的成长就是一个反复犯错并且改正错误的过程，大多时候，孩子并没有意识到自己的行为是错误的，他们的成长，需要大人来"帮助"。所以，我们要从以"惩罚"孩子为目的变为以"帮助"孩子为目的的心态来面对孩子的错误，这样细微的差别，需要我们——孩子的教育者，细细体会，慢慢思量。出发点不同，效果自然大相径庭。

记得孩子入学第一周，好玩的孩子们把树叶、树枝折下来，你追我赶，玩得不亦乐乎。其中我们班一位男孩就被巡查的老师抓个正着，在全校通报批评。

我把这位孩子唤至跟前，轻轻问他："听说，你去摘了树叶？"

他呆呆地站着，回答我："老师，我觉得这个叶子我没有见过，我想摘了回去做树叶标本！"

"你觉得这个叶子和你见过的其他叶子有什么不同？"

"形状不同。"

"你善于发现新事物并有钻研精神，老师要表扬你。可是学校里的一花一草一树，都是不可以去碰的。"

"可是，我外婆家旁边的树都可以摘呀，我还摘了好多叶子回去做标本呢？”

“你知道吗，我们学校里的所有花草树木都是我们的朋友。瞧，风一吹，它们就向我们招手问好呢！看着你从它们身边走过，它们都会很高兴地和你打招呼哦，只是，我们听不懂它们的语言。看，叶子是它们的头发，树枝是它们的小手，你把它的头发拔了，它该多疼呀，你还折断了它的小手，这会儿，它的伤口肯定在流血，它肯定在伤心痛哭呢！”

我还没说完，他就要哭出来了，急切地问我：“老师，那怎么办？我可以给它接回去吗？”

“接不回去了，只是，我们以后再也不能伤害它们了。老师之前没和你说过，所以这次我不批评你，不过，以后一定不可以再这样了，知道吗？”

“知道了，谢谢老师！”

“那你回去可不可以默默地观察一下花草树木，写一写它们的美丽与特色，然后和大家一起分享？”

“好的，老师。”

此后，这位同学再也没有犯过同样的错误。

“老师以前没有告诉你，这次我不批评你，不过，以后绝对不可以再这样做了，知道吗？”这是我对初次犯错的孩子说得最多的一句话，温和，却仿佛有魔力。

阅读记录卡反馈

为了训练孩子们的写作能力，我们举办了"阅读记录卡"活动，阅读记录卡分为五个部分，分别是：好词好句、我想说、我的疑问、我来画一画、互动加油站。

第一次阅读作业记录卡活动，孩子们给了我很大的惊喜，他们的理解能力在阅读的基础上有了很大的提高，不仅听懂了老师的要求，而且一项项都能准确无误地通过书写和绘画的形式表达出来。大量的阅读是输入、吸收的过程，而阅读笔记就是对孩子们阅读、吸收过程的输出培训。

阅读作业是我们经过多年的教学和阅读推广过程中精心设计出来的，特别是"好词好句"的摘抄，是希望孩子们能够吸取精华，为自己的写作打下基础；"我想说"部分只要围绕故事主题孩子们可以随意说，这不仅是为了训练孩子们的表达能力，而且还会让孩子们明确地表达自己的思想和看法；"我的疑问"部分是孩子针对书中不懂的地方提出自己的疑问，在学校时孩子们之间可以相互交流，解疑；"我来画一画"部分是根据孩子们的年龄特点设计的，孩子都喜欢画画，而他们阅读过大量的绘本，在阅读精美的图画和自己绘制的过程中会，孩子的审美能力会在无形中提高，这也是对孩子综合能力的一种训练；最后的"互动加油站"部分是鼓励家长和孩子一起交流、讨论收获和体会。

通过开展阅读记录卡活动，不仅能让孩子们加强字、词、句的积累，尝试运用语言文字，提高综合学习能力，而且我还能及时了解学生的阅读情况，对学生进行监督和引导，一举两得。

阅读中模仿，习作中表达

如何在短短的四十分钟的课堂上有效地引导孩子学会写作，是我们一直追求的重点，也是难点。善阅读中模仿，就是一个好方法。

模仿是在没有外在压力的条件下，个体受他人的影响仿照他人，使自己与之相同或相似的现象。模仿是学习的基础，是个体反映与再现他人行为最简单的形式，是掌握人际互动经验最简单的机制，也是个体学习的基础。

小学三年级，是学生习作的初始阶段，也是学生模仿速度快的时期。在培养学生的习作表达能力时，教师如果能够充分利用学生模仿能力强的特点，在阅读教学或者课外阅读时有意识地引导学生模仿写，那么就能达到事半功倍的效果。以下就是我在课堂上培养小学三年级学生习作表达能力时，充分利用模仿功能的一些具体案例。

一、仿写句子

每篇文章都有让人叹为观止的句子。或者用了修辞手法，或者关联词丰富，或者词语恰到好处。只要教师善于引导，每一句话都可以成为学生习作的例子。而学习习作的基础，就是从写好每一句话开始。比如学了人教版三年级上册第十一课《秋天的雨》后，再让孩子们写以秋天为话题的作文。在引导中，孩子们的语言都是模仿了课文的。每一个句子灵动而生机勃勃。

"唱！"我手指屏幕，孩子们默契地开心大唱"春天在哪里呀，春天在哪里，春天在那青翠的山林里……"

"歌曲告诉了我们春天在哪里，那你看到的秋天在哪里呢？"

"田野。"

"落叶。"

"菊花、桂花。"

"农民的汗水里。"

"果实里。"

……

我把孩子们说的板书在黑板上。

"看图片,说说你看到的秋天!"

"秋天的叶子落下来,给大地铺上了厚厚的棉被。"小俊一开口我就惊讶了。

"落叶穿着金黄的裙子,翩翩起舞,投入大地妈妈的怀抱。"小杰一开口,我就知道,我后面准备的例句已经没用了。

不想,接下来更多的好句子翩翩而来。

"一片片叶子如同一把把小扇子,扇哪扇哪,扇走了夏天的炎热,迎来了秋天的凉爽。"小晶很会学以致用,把《秋天的雨》里的好句子改用了。

"叶姑娘挥挥手臂,刷刷,是和大树妈妈告别的歌韵。"小贤模仿了诗歌《听听,秋的声音》。

"五彩缤纷的菊花仙子绽开了笑脸。"《花钟》的仿写句子又来了。

"一阵凉爽的秋风吹过,菊花姑娘穿着花衣裳,在风中跳舞呢。"

"秋天里,菊花五颜六色的,欣然怒放。"

"红红的柿子就像是一盏盏火红的灯笼,告诉大家,秋天来了。"

"柿子、橘子、苹果、梨子,你挤我碰,等着人们去摘呢。"

"大雁妈妈带着孩子们一起飞往南方,去探望远方的亲戚。"

"秋天,北方比较冷,大雁要到温暖的南方去。它们一会儿排成人字形,一会儿摆成一字形,飞得很开心。"

"秋天是放风筝的好时节,小朋友们拿着风筝,一紧一松,奔跑着,可开心了。"

"看天上的风筝,五颜六色的,有蜻蜓风筝,有蝴蝶风筝,还有蜈蚣风筝。"

……

班上大部分孩子都举手发言，好词好句层出不穷。

二、仿写片段

句子的模仿比较简单，每个学生都会，甚至每个学生也都具备了写段的能力。也正因为有句子作为基础，写片段不是难事。所以，引导仿写片段，也是信手拈来的事情。教师在引导时，片段的选择非常重要。我们通常要选择具有代表性的，又比较好写的，甚至是非常有意思的片段。比如略读课文《听听，秋的声音》，有这样片段：

听听，

秋的声音，

大树抖抖手臂，

"刷刷"，

是黄叶道别的话音。

授课时我主要是以仿写为主。孩子们的作品非常令人惊喜。

（1）

听听，

秋的声音，

海鸥拍打着翅膀，

"叽叽"，

是和海水告别的话音！

听听，

秋的声音，

小鸟快活地在天空中叫着，

叽叽喳喳，

这是和天空告别的歌韵！

一只只青蛙在荷叶上唱着歌，

像一首摇篮曲；

一阵阵微风掠过我们的身旁，

送来一首柔和的诗歌吟诵！

（2）

听听，

秋的声音，

竹子抖抖手臂，

"刷刷"

是和夏天告别的话音。

听听，

秋的声音，大雁振动翅膀，

"叽叽"，

是和天空告别的话音。

农夫割下谷子，

撒下一滴滴汗水；

一阵阵秋风掠过田野，

送来一片丰收的歌吟。

（3）

听听，秋的声音，

大雁展开翅膀，

"叽叽"，

是大雁离开的话音。

听听，秋的声音，

青蛙跳来跳去，

"呱呱"，

是和池塘告别的歌韵。

一片片叶子离开树枝，

撒下一阵温暖的风，

一阵阵秋风掠过田野，

送来一片丰收的歌吟。

三、仿写篇章

三年级的习作已经要求能够成篇，并且学会最基本的三段式写法。但是段落的划分一直是学生写作的难点。整篇整篇的模仿，会让学生对全文的框架结构有一定的了解。因为是模仿写，便更显容易，学生的兴趣也更浓厚。以下是我在教仿写《我们的民族小学》时的案例。

当我再次把课题"我们的民族小学"写在黑板上时，学生沸腾了。

"老师，'民族'两个字为什么写那么高？"

"老师，这篇课文我们已经学过了！"

"今天，我们是要仿写《我们的民族小学》。"我神秘一笑。在"民族"的下面写上"虹桥"两个字。

"我们学课文的时候就知道了，这篇课文是按照什么顺序写的？"

"上学路上、上课、下课、总结。"

接着，我带着孩子们按照顺序，一段一段地进行分析、模仿，最后让同学们建立一个宏观思维，对整体框架以及结构有所了解与把握。

以下是优秀范文示例。

我们的虹桥小学

小宏

早晨，从马路上、从小道上、从大道上，走来了许多小学生，大家穿着漂亮的校服，带着鲜艳的红领巾，形成了一道美丽的风景线。

有的走路来的、有的是爸爸妈妈送来的、还有的是骑自行车来的。同学们向校园里漂亮的老师打招呼，向敬爱的校长先生问好，向高高飘扬的国旗敬礼。

"丁零零！丁零零！"墙上的广播叫起来了，上课了，不同年级的小学生在不同的教室里学习。同学们一起读课文，那声音真好听。这时候，窗外十分安静，粗壮的树枝不动了，可爱的鸟儿不叫了，勤劳的蜜蜂停在花朵上，好像都在听同学们读课文。最有趣的是，窗外飞来了几只燕子，这些天空中的朋友，是那样认真地听着同学们读课文。

下课了，同学们在操场上捉游戏、看课外书、跳绳，招引来许多的同学，连小鸟和蝴蝶也赶来看热闹。

这就是我们的虹桥小学，一所漂亮的虹桥小学。

我们的虹桥小学

小舟

我们的学校叫虹桥小学，这里有高高的教学楼，教学楼的后面有一个宽阔的操场，教学楼旁边有翠绿的大树，一年四季还有不同的鲜花盛开，真是一个风景优美、环境舒适、适合学习的好地方。

早上，同学们穿着干净整齐的校服，系着鲜艳的红领巾，高高兴兴地来到学校，开启了一天的学习生活。大家在不同的教室读书，那声音真好听！这时候，窗外十分安静，树枝不摇了，鸟儿不叫了，蝴蝶停在花朵上，好像都在听同学们读课文。

下课了，同学们冲出教室，有的在走廊上玩瞎子摸人，有的在操场上玩游戏，真热闹啊！

　　这就是我们的虹桥小学，如果你也在这里学习，你也会爱上它的。

　　从句到段，再到篇，在一个循序渐进又交叉进行的过程中，孩子们的习作表达能力强了，习作兴趣也浓厚了。学生们会发现，哦，原来习作就是这么一回事，原来习作就是这么简单！教师也会发现，哦，原来教学生写作文，就是这么一回事。只是教师课前要做充足的准备，并且要对文本有充分的解读，能够发现每一个文本的特色之处，并且找到恰当的接入点，引导孩子去模仿，去动笔。这是一个高效的方法，定能促进学生的习作表达能力。

第四章

四年级，是时候和
他们成为朋友了

蔚蓝的海滩、轻柔的椰风、穿行崇山峻岭的羚羊和奔腾不息的河流，自然万千、人间百态于他们而言已不再陌生，我们无法再以说教的方式打动他们。

此刻，家长眼中的小朋友，其实已在生活、游历、电视、手机中完成了对世界的基础认知，这些家长眼中的萌宝已经成为心中自有世界的小大人；懵懂下的各种自我观念的建立，逐渐催生了冲突和相互的误解，让叛逆在一点点地生成。

这一年，九岁、十岁的孩子们，已经开始渴望长大，这种渴望带有天然的羞涩、自卑和不自信，甚至，看起来是那么的荒谬和可笑。可是，花无重开日，人无再少年；少年人的渴望如果不够荒唐和可笑，又何以有那么多的"少年强者国强"的期许呢？

我们需要倾听、观察他们叛逆、早熟和懵懂下的各种奇怪行为，以朋友的身份去探究他们可爱笑容背后的小秘密；然后，和他们一起去保守这秘密花园里的小世界，并加以积极的、正向的引导。意气风发不只是古人，我们的孩子同样可以在这璀璨的少年时心怀不凡。

这些喊着要做科学家、明星或是想要改变世界的少年们，他们的渴望或许是成年人眼中的幼稚，但未尝不是未来伟大的开端。所以，不论是老师还是家长，我们必须重视这种最初的渴望，去把他们零散、碎片化的对于世界的认知，以理想的方式逐渐建立起来，并不断地给予鼓励、支持和包容。

无论是在课堂上还是在课外，我们需要像朋友一样去尊重、认识、了解他们，以及他们少年意气下的世界与理想。

这一年开始，不论你愿意与否，我们是时候和孩子们成为朋友了。

我们还在一起

四年级，我们的教室换到了二楼。

刚进一楼的楼梯口，我就感觉有无数双眼睛盯着我。接着是一阵欢呼。

"刘老师来了！刘老师来了！"十来个小朋友簇拥而来，有人立马用手遮住了我的眼睛。

"刘老师，有大大的惊喜等着你，你不许看！"

我被大家左拥右抱地"抬"也似的进了办公室。

"老师，可以睁开眼睛了！"

"老师，节日快乐！"

小朋友把藏在身后的心意一个一个地拿出来。花箍套上黑丝，还配上三个花草丛生的夹子，头上霎时长满了花草。接着，一朵，两朵，三朵……花儿在我手里集成簇。

"老师，更大的惊喜还在后面！"小鸿捧上一束鲜花。米白的花，粉红的包装，外面再是一层白色布艺网包装，与花朵相呼应。那粉色，恰与我穿的粉嫩花衣裙相称。瞬间，我就沉浸在花的海洋。

"老师，我们就是要把你打扮成花仙子。"

紧接着，卡片、小夹子、早餐饼……各色各样的礼物又被放到我的办公桌上，这都是孩子们的小心意，我不能拒绝。于是乎，办公桌被堆成了小山。

有趣的是，一个学生问我："刘老师，你想要什么礼物？"我摸摸他的头，说道："我想要一个多吃饭、长得壮壮的你。"他不好意思地一溜烟跑了。

另一个学生拿来一盒糖果，说："刘老师，送给你的。"我往回推，要他带回去和家人一起吃。"刘老师，我们不吃，快过期了，你抓紧时间吃。"他的天真无邪令我哭笑不得，只好收下。

"刘老师，做老师好幸福。特别是刘老师，是全校最幸福的。"

"刘老师，我突然觉得，我长大了也要当老师。还要当像刘老师一样让大家都喜欢的老师。"

......

孩子们纯真的样子，真的是太可爱了，而我只想对他们说："刘老师最大的幸福，就是四年级了，我们还在一起。"

无声课堂

身边很多老师都感冒了，而我也不幸中招。本就因上课而嘶哑的喉咙这下完全失声了。可是，课要上，这可如何是好！苦思冥想，我决定给孩子们上一堂"无声的课"。

尽管我精心准备了这堂课，但我觉得效果应该不会有之前好，可是，结果却出乎我所料。凭着我和孩子们的默契，不需要说话，我只要用手势，偶尔加口型，就能和孩子们沟通：齐读、小老师带读、怎样记住、怎样理解、你说得很棒、你的理解不好、谁能补充……大部分他们都明白了我的意思，偶尔有的孩子不能理解，也会有身边的小朋友及时地提醒。课堂说小话的孩子，我轻轻地走过去，用手抚摸他的头。这轻轻地一碰，对孩子是一种警醒，也是一种温暖与爱的传播。似乎平时，我都不会这么做。这样无声的课堂，孩子们的注意力也特别集中，课堂非常安静，有序。孩子们都在猜，我下一个指令会是什么，孩子们都在等，我会对他的表现做出什么样的表情……

一节无声课堂，我没有发出任何声音，却感触颇多。我很享受这份轻松，享受和孩子们的默契，享受人与人之间的理解和配合。

课本剧《夜莺的歌声》

很多时候，教师会用许多新奇的点子来锻炼学生的某些能力。可是，有时候我会因为担心有些活动孩子们因为不能完成好而放弃。

我在备《夜莺的歌声》一课时设计了学生表演环节。备课时我就想，这个环节就当是丰富了教学环节，估计孩子们兴趣不大，而且没有过表演的经历，到时走个过场得了。

可不曾想，授课时我一说到表演，学生们都跃跃欲试，于是我让他们同桌之间相互合作准备。小清和小志这一组同桌最先准备好。他们一上台，便声情并茂地配以动作表现出了小夜莺和敌人之间的斗争。

借以高涨的气氛，我告诉孩子们，这就是课本剧，今后我们要多表演课本剧！台下的孩子们兴高采烈，都想上台。可是由于时间有限，最终上台表演的只有两组同学。为了不扫孩子们的兴致，下课铃响时我便说道："没上台的同学下课和你喜欢的小伙伴一起准备准备，下午还有机会上台。"

所以我便看到了这一上午的课间孩子们都在三三两两地凑到一起拿着语文书排练的场景。为了不让孩子们失望，下午上课铃声还没响，我就在黑板上写下了"课本剧大赛"几个大字。孩子们齐刷刷地坐得笔直。接下来，在我的开场白后，孩子们便一组组地上台表演，更让我惊喜的是，有的孩子还做好了道具……

下课后，孩子们还舍不得，围着追着我，说："刘老师，我还可以演得更好，明天还可以上台吗？""刘老师，什么时候有读书大会？""老师，读书给我们听！"……

学生的创造力是无限的，教师不仅仅要相信这一点，更要勇于放手让学生去创新，去展示。

抽奖说明书

孩子的写作是需要激励的，所以这就需要我变换花样地使用激励措施。贴纸、奖章、奖状、奖品……都失效后，我研发了新的奖励措施——抽奖。接下来我就为大家分享一下"抽奖"的正确使用方法。

产品名称：抽奖

产品成分：主要成分为学习用品，包括铅笔、橡皮、水性红笔、自动蓝色笔；还包括非常受小朋友喜欢的游戏卡片、糖果、饼干等。

产品性状：所有产品成分混合装在一个非透明的袋子里。

产品作用：用于激励小朋友在课堂、集会、两操、午餐、卫生等方面表现更优异。

用法用量：对特定时间场合表现突出的个人或者小组予以抽奖的机会。抽奖时从袋口伸进小手，眼睛不能窥视，在教师数"一、二、三"完毕时迅速把抽到的奖品拿出。一次最多只能选择一样奖品。如果抓到多样，则从中选一。如果空手而出，则无奖品。

产品优势：（1）趣味性增加。因为带有不确定性，所以会增强学生们的好奇心，以致更加吸引学生的兴趣，让学生们的参与度与认可度都会提高。（2）奖品的设置范围增大，许多东西都可以放进去做奖品。比如一个精致的盒子、一颗小珍珠等等。（3）抽奖改良方式有很多，还可以用纸条写上奖品名称的方式，再用纸条换奖品。

注意事项：不要盲目或者过多举办活动，否则会降低抽奖的边际效益。

展示会

中华传统文化像一座巨大的宝库，经过第五单元的学习，我们认识了大思想家孔子，了解了古代神话《盘古开天地》，欣赏了古代建筑赵州桥和绝世之作《清明上河图》。今天，轮到我们班的孩子们展示自己最欣赏的传统文化了。

四人一小组，经历一番热切的讨论之后，孩子们各推出了组内代表上台，为自己的组争取最高荣誉。

各组大展拳脚，展示项目精彩纷呈。看，小熙脱稿，用响亮的声音、流利的语言向我们介绍了陶瓷的由来和故事；小乐组为大家带来了自己制作的陶瓷茶壶和盘托，她展示，小益介绍，两人配合默契；小怡和小琪展示了紫色的风铃，风铃清脆的声音为展示会增添了不少活力；小洁、小茜等展示了和父母合作完成的剪纸；小孜介绍了对联；小博介绍了火药；小婷介绍了青铜器；小静展示了自己制作的手抄报；小宇制作了精美的展示课件……最值得一提的是小志的收集，他一上讲台就提出了要求，要我拉下窗帘、关灯。我们都很好奇他要做什么，正当我们疑惑的时候，奇迹来了，只见小杰在台下帮他照明，把一个发着光的奇怪的黑色东西射向小志的手，随着小志手形的变化，黑板上出现了形状各异的手影，一会儿是小鹿，一会儿是灵蛇，一会儿是吠狗……台下孩子们更是激动万分，赞叹不绝。不仅如此，小志还带来了传统的护身符，有象牙锁"出入平安"，有挂有观音像的银项圈……各种精彩，令人叹为观止。

时间总在欢乐中不自觉地溜走，不知不觉，展示会就结束了。相信孩子们在这一次的活动中，对中华的传统文化有了更多的理解与感悟，也升华了热爱祖国、热爱生活的情感。

煮汤圆

　　我给孩子们布置了一个作文，主题是汤圆，题目自取。为了激发孩子们的写作热情与写作灵感，我在完全没有任何参考的情况下构思和设计了一节"煮汤圆"课——与孩子们一起煮一锅汤圆。当然这不仅仅只是为了让孩子们写作文，也是让孩子们有一节印象深刻、有趣的课堂。

　　一大早，我先找同事和食堂借各种"教具"——插排、电磁炉、锅、水壶、勺子……然后中午便趁着休息的时间去买汤圆、甜酒、白糖等食材。当我以为一切准备就绪时，突然发现少了一项重要工具——一次性碗勺，没有碗、勺子，学生可就没法品尝自己所做的美食了，于是我便又急匆匆地出去买碗勺……整个准备过程可谓应接不暇，但好在有其他教师的帮忙，才得以让我顺利开展课堂教学。

　　"今天，我们班来了一位特殊的客人。猜猜它是谁？"我拿出一个黑色袋子，让学生摸一摸，然后继续说道，"用一个词语说说感觉。"

　　"圆溜溜。"

　　"冷冰冰。"

　　"我猜到了，是汤圆吧？"小志积极说道。

　　"猜对了，就是汤圆！"我从黑袋子里拿出了汤圆。

　　"用一句话来夸夸它！"

　　"汤圆姑娘穿着雪白的裙子，可美啦！"小晶也美美的。

　　"一个个外表看起来白白胖胖的，但切开一看，里面是黑的！"小志发挥他一贯的搞笑作风。

　　"一个个汤圆像个小帅哥，穿着白色的衣裳。"小杰说道。

"白色的衣裳？就像你的衣服一样？"我指着小杰笑称。其他学生也都笑了。

"你们说得老师都想一口吞下去。你们想吃吗？"

"想！"全班同学异口同声地大声说道。

"那我们一起来煮汤圆吧！"

孩子们都表现出了内心的激动、期待……

"汤圆在开开心心地洗澡，准备给我们吃！"小益说道。

"洗干净再给我们吃？真有奉献精神。"

"它们在游泳！"

"它们在泡温泉。"

小游和小怡先后说出了充满童真童趣的话语，简单而富有生机。

"它们在里面自由自在地潜水！"小曦好久没有主动回答问题了。

"煮了这么久，我们要稍微搅动一下，不然会烧煳的。不过要轻轻地，小心翼翼地，不然碰坏了它们的衣服，它们会生气的。"我建议道。

不一会儿，汤圆浮上来了。

"它们要出来透透气，呼吸新鲜空气。"

"它们出来晒太阳，舒舒服服地伸个懒腰。"

"它们要出来晒干身体，脱掉外套。"

"它们要出来玩捉迷藏，藏到我的肚子里面去了。"

"一个个圆溜溜的汤圆，有的还在水里玩，有的要出来晒太阳，还有的一不小心被其他的汤圆挤死了。"小宇还用上了排比句。

汤圆熟后，小杰近水楼台先得月，得到优先品尝的机会。小杰一副迫不及待的样子，还没等我提醒小心烫时，便入了口。而后，他的嘴就被烫得大口呼气。看得我们都哭笑不得。

"你们观察到什么？"我问其他同学。

"他的表情，快要哭了！"小博又是羡慕又是得意。

"他一口吃下汤圆，狼吞虎咽地。"小海给了我们一个好词语。

"心急吃不了热豆腐！"小宇脱口而出。

"正是这样，所以他才会觉得——烫！"

"我还看出，他觉得汤圆很好吃！"小晨猜到了他的心理。

就在大家都跃跃欲试时，我给每位同学都盛了两个。吸取了小杰的教训，大家都使劲吹了吹，然后才吃掉。

"谁能告诉我汤圆是什么味道？"

"香喷喷的。"

"汤圆就像溜溜球，一溜溜到了肚子里面。"

……

"刚才同学们说了很多好词语，我们一起写在黑板上：香喷喷、又香又甜、香滑爽口、与众不同、垂涎三尺……"

……

"汤圆宝宝说，有同学享受完美味就把它们给忘了。你们愿意把它们写进作文，永远记下来吗？谁已经想好了名字？"

"汤圆的季节。"

"好吃的汤圆。"

"吃汤圆。"

"汤圆的一生。"

"汤圆的故事。"

尽管这节课准备的准备工作与现场教学都不轻松，但是，如果孩子们觉得开心，并有所收获，我就觉得一切都值得。

确定文眼有方法，阅读教学不再难

小学语文课程标准中对小学中段的阅读教学目标中词句的要求是这样描述的："能联系上下文，理解词句的意思，体会课文中关键词句在表情达意方面的作用。"教材中有许多的文本都有揭示主旨的句子，而这些句子中的重点词语又起了画龙点睛的作用。在课堂教学中，如果教师能够善于利用这些重点词语，也就是我们所说的文眼，就能清晰而高效地引领学生掌握阅读的方向。同时，也为教师的阅读教学提供一种行之有效的方法，减轻老师的备课负担。

所谓"文眼"，清代文学家刘熙载是这样认为的"余谓眼乃神光所聚，故有通体之眼，有数句之眼，前前后后无不待眼光照应。若舍章法而求字句，纵争奇竞巧，岂能开阖变化，一动万随耶？"（《艺概·词曲概》）；《写作艺术示例》是这样解释的："写诗作文，也有所谓'诗眼''文眼'的说法，指的是一篇诗、文中那些最富有表现力，最能帮助读者准确理解整个作品的主题思想或脉络层次的关键性词语。"（华东师范大学出版社）；晋代著名的文理家陆机在《文赋》中的"片言而居要"实际也同义。

拿到一篇课文，怎么确定文眼呢？在人教版四年级上册的教学实践中，我总结出以下几种方法。

一、从课文题目发现文眼

题目往往就是文章主旨的表现，既高度概括了文章的内容，又表达了作者的思想感情。很多课文，都可以课题入手，确定文眼。比如《观潮》一文，我就把课题中的"潮"作为文眼。围绕文眼，提出以下问题让学生思考：

1. "潮"是指（   ）。（   ）是一年一度的观潮日。

2. 第（   ）自然段写的是潮来前的景象，第（   ）自然段写的是潮来时的景象，第（   ）自然段写的是潮退后的景象。

3. 我能用词语概括出这些景象：潮来前（   ）、潮来时（   ）、潮退后（   ）。

4. 我发现课文中许多描写"潮"的句子写得非常形象具体，我能找出来读一读，把自己的体会批注在旁边。

四年级上册的课文中，以下文章我都是从课题中来寻找文眼：《鸟的天堂》（鸟的天堂）、《爬山虎的脚》（脚）、《蟋蟀的住宅》（住宅）、《世界地图引出的发现》（发现）、《跨越海峡的生命桥》（生命桥）、《给予是快乐的》（给予）、《为中华之崛起而读书》（为……而读书）、《呼风唤雨的世纪》（呼风唤雨）、《电脑住宅》（电脑住宅）、《飞向蓝天的恐龙》（飞）、《飞船上的特殊乘客》（乘客）等。碰到这样的文章，可以从题目入手，引导学生从题目寻找文章的切入点，激活学生已有的经验，为学生进一步阅读做好准备。

二、从生字词中寻找文眼

课文中许多生字词，是要求会写或者会认的，其本身就是课堂上要学习的重点。在学习生字词时，可以借助对生字词的理解带动全篇课文的理解，或者通过对课文内容的学习，来进一步加深对词语的理解，起到一箭双雕的效果。因此，以生字词为文眼，应是最先考虑的。

例如，在王尔德的童话《巨人的花园》教学时，我紧抓的是"冷酷"这个词语，"酷"是要求会认而且会写的字。在认清"酷"字的字音和字形后，我抓住"冷酷"这个词语，以此为文眼进行阅读教学。

1. "冷酷"是什么意思？课文指的是谁"冷酷"？

2. 巨人的冷酷体现在哪些方面？找出体现巨人冷酷的语言和动作

神态，用横线标记出来。

3. 巨人的冷酷使花园发生了什么变化？用波浪线标记出来。

4. "冷酷"的反义词是（　　）。

5. 在故事中，谁是热情的？他们让巨人和巨人的花园又发生了什么神奇的变化？从这种变化中，你明白了什么？

紧紧围绕"冷酷"这个词语，贯穿阅读教学，让孩子们感受童话的魅力和蕴含的深意。此外，此册书中的《蟋蟀的住宅》（住宅）、《幸福是什么》（义务）、《那片绿绿的爬山虎》（楷模）、《屋塔》（反驳）……我都是从生字词中寻找文眼的。

三、从中心句中挖掘文眼

大部分课文都有非常明显的中心句，中心句是对文章内容或思想感情的高度概括，我们能从这句话中又找出一些关键性的词语，来对全文的内容进行凝练总结。这个关键性的词语，就可以作为文眼。

例如，《颐和园》一文，课文首尾都是中心句。第一自然段是总起句："北京的颐和园是个美丽的大公园。"最后一个自然段是总结句："颐和园到处有美丽的景色，说也说不尽，希望你有机会去细细游赏。"这两句有一个共同的词语——美丽。毋庸置疑，以"美丽"为文眼，绝对没错。于是，阅读教学的相关问题呼之欲出。

1. 请你说出能够体现"美丽"的好词好句。

2. 读课文最后一段，"颐和园到处有美丽的景色"，到处主要指的是哪些地方？

3. 作者是按照什么样的顺序来介绍这些美丽的景物的？从哪里可以看出？

4. 景物的"美丽"不同，作者的描写方法也不一样。找出描写这些景物的句子，把体会批注在旁边。

5. 我能学着作者的样子，描写一处美丽的景物。

抓住文眼，学生学习的目的非常明确，就是读懂"美"，对课文也能把握得更深入。在这些课文，我也是从中心句中来挖掘文眼的：《长城》（奇迹）、《秦兵马俑》（举世无双）、《搭石》（美）。

四、从过渡句中抓住文眼

所谓过渡，是文章中用一定词句和段落，提示前后意思之间的联系，使它们有机联系起来，自然而然地由上文转入下文。过渡句就是联接上下文，由一个问题过渡到另一个问题的句子。这样的句子往往出现在段落末尾或段落开头，有时也独立成一段。内容上，这个句子和上下两段都有联系，所以能从这个句子中找出概括上下两个段落的文眼。

例如，《雅鲁藏布大峡谷》一文，课文第四自然段开头是这么一句话："大峡谷的奇异景观还体现在生物的多样性上。"这很明显就是过渡句，从这句话我们知道，课文第四自然段讲的是大峡谷生物的多样性。但也很明显地就知道，这句话前后都在描述大峡谷的"奇异景观"。因此，我抓住"奇异景观"为文眼，进行阅读教学。

1. "奇异"是什么意思？你能找出它的同义词吗？

2. 大峡谷的"奇异景观"体现在哪些方面？

3. 为了说明大峡谷景观的"奇异"，作者运用了哪些说明方法？从哪里可以看得出来？

略读课文，解决了这几个问题，就完成了孩子们对课文内容的梳理和方法的学习。四年级上册的课文，有过渡句的文章不多。如《秦兵马俑》也可以运用过渡句中抓文眼的方法。

五、从课后提问提取文眼

编者在教材的课后练习中设计了很多问题，这些问题有些直奔课文难点，有些引出题目写法，还有一些直接指向课文中心。所以从课后提问中来提取文眼，也是一个切实可行的方法。

例如，《搭石》一文，若以题目"搭石"为文眼入手没有错。可若关注了课后习题，便会发现，以"美"为文眼，更为贴切。课后有这么一问："课文许多地方都使我们感受到了'美'，有看得见的具体的'美'，也有看不见的心灵的'美'。让我们找出来，体会体会。"课后提问，不仅帮我们确定了文眼，连相关的阅读提问都一并告诉了我们。以此为贯穿此文阅读教学的问题，再恰当不过。

此外，在以下文章文眼的确定中，也可以从课后提问中提取：《观潮》（潮）、《鸟的天堂》（鸟的天堂）、《长城》（奇迹）。

六、从文本思想提炼文眼

有的文章，以题目为文眼不妥，又是略读课文，没有生字词和课后提问，甚至连中心句和过渡句都不明显。这种情况下，只能发挥师生的聪明才智，从文本的思想中提炼文眼。

例如，选自《爱的教育》的《卡罗纳》一文，讲的是大家用言行关爱母亲去世、遭遇不幸的卡罗纳的事情。我提炼的文眼是"母亲"。

导入部分，我让孩子们在歌曲《世上只有妈妈好》中讲述自己和母亲的故事。带着妈妈对自己的爱，体会卡罗纳失去母亲的痛苦。面对这种痛苦，"我"和同学们有不同的行动，但都表达了一种关爱。最后，一起讨论，"我"的母亲，又是怎么做的？她是怎么想的？在层层递进中，在情景交融中，让孩子们明白，自己对他人的关爱，是多么的重要。若获得他人的关爱，又是多么的幸福，进而升华"关爱"的单元主题。

此外，如课文《尺有所短，寸有所长》我提炼的主题是"信"。信的格式、信所表达的关于成长的烦恼的主题，再到拓展写信，内容与学法指导都到位了。

　　当然，文眼的确定还有很多种方法。我也相信，利用文眼进行阅读教学的研究有它丰富的实践意义。在进行两个单元的教学训练后，孩子们能够自己找文眼，并且针对文眼提出阅读导问，这便是成效。我也一直在思考，文眼教学，除了用于阅读教学，是否可以拓展到生字词和习作教学中？我一直在探索和实践中。相信不久会有答案。

紫色手环

我的手上戴有一样东西——紫色手环。刚开始孩子们发现时都很好奇，问道："老师，你的手上怎么戴紫色手环？"

我告诉他们："我看过一本书，名叫《不抱怨的世界》，其作者威尔·鲍温发起了一项'不抱怨'活动，邀请每位参加者戴上一个特制的紫色手环，只要一察觉自己有抱怨情绪，就将手环移至另一只手腕，直到手环在一个手腕上停留了21天，21天表示养成了一个不抱怨的习惯。"

当孩子们得知紫色手环的意义时的，天真地问道："老师，那你成功了吗？"

我不禁汗颜，说道："老师目前还没有成功。"尴尬之际，我突然灵光乍现，说道，"不过老师希望接下来你们能和我一起参与这个活动，我们把这个活动改为'控制情绪'活动，从明天起我们都要学会控制自己的情绪，如果有人不遵守活动规则，老师的手环就移动位置，怎么样？"

孩子们一致同意，于是，紫色手环代表的是一份约定：我作为老师，要管好自己，不能随意对学生发脾气；学生要管好自己，做一个自律的孩子，不要对同学随意发脾气。否则，我的手环就将转移位置。

就在我们都以为我们即将成功之际，一件突发事件打破了这个约定。一天下午写字课，小晨不仅不认真写字，还与小胜发生冲突，甚至动手打了小胜，以致小胜大哭不止。我看到如此境况，一时没有控制好情绪，便不问缘由地当堂斥责了小晨一番。当我斥责完小晨冷静下来后，才意识到我不但太冲动了，而且还打扰到其他孩子了。只见，其他孩子一脸无辜地望着我时，我更清晰地感受到我内心的自责了。为了不影响其他孩子上课，我便把小晨和小胜叫到办公室。问清缘由后，我让小晨向小胜道了歉，两个人握手言和。

我们一行三人回到教室时，我没有说话，只是把手环从左手取下来，换到了右手上。全班寂然。我再次走到小晨面前，说道："小晨，老师今天不应该凶你的。老师做错了，向你道歉。对不起！"小晨低着头，说道："小晨不应该打人，也错了。"

这次的手环守护行动失败我们都有责任，不过我相信，我们终有成功的那天……

刘艳丽同学，你来说！

"刘老师，我们都最喜欢何老师。"

"为什么？"我好奇道，心想这群孩子们又想要什么"花招"。

"何老师给我们展示的机会，只要我们准备好了，可以让我们自己上课当小老师。"

"我给你们的机会不比何老师多吗？"我调侃道。不过令我没想到的是，孩子们竟然是因为这个原因才说这些话的，看来他们还是很有上进心的，虽然有些"吃醋"，但更多的是感到欣慰。

"可是你没有给我们上课的机会！"

让学生上课，必定比我自己上课还要累。要帮助他们备课，课上要一起维持纪律，还要查漏补缺，也许还要重上一遍……诸多问题，一一浮现在脑海。但既然孩子们有这个热情，我必定不会让他们失望的，于是乎，我答应给他们机会让他们当"小老师"。我也想看看，这群娃，到底有没有继承我这"名师"的真传。

果然名师出高徒。每个上台的孩子都有模有样地扮演着自己的角色，讲课不仅认真，还会调节课堂氛围，有的孩子还准备了丰富的奖品给认真听课的同学……孩子们都觉得非常有趣，回答问题的积极性也极高，课堂纪律极佳。小老师还会时不时地说："刘艳丽同学，请你来回答。"这时，全班的孩子都很新奇地洗耳恭听。而当孩子们某个问题很难理解，说不到点上时，我也会主动举手解疑，用问题引导孩子们思考，解决学习内容的重点、难点问题。

一堂课下来，不仅孩子们学到了知识，还调动了他们学习的积极性，看来何老师的这个教学方法极佳，今后我也要多尝试。

偶像的魅力

周六，国培计划（2015）——教育部小学语文骨干教师示范性培训在我们学校举行。其中有两堂展示课，我们班孩子有幸和名师向春芳老师一起从《夸父追日》中学习写作的神奇。

我坐在后排，记录着孩子们在课堂上的一言一行。对孩子们，我既相信他们会有突出的表现，又忐忑他们的活泼会让任课老师招架不住。一堂课很快就过去，向老师的引导和孩子们的表现迎来台下众老师的阵阵掌声。

"谢谢老师们的掌声！"谁也没有想到即将离场的安静的队伍里冒出一个男孩清脆的声音。

老师们哗然，再次响起掌声。

同时，主持人的笑声传来："真是一群可爱的、优秀的孩子。"

"那是因为我们刘老师教得好。"我惊奇地望过去。小宇这孩子，机灵得很。这一句话，把孩子们的兴奋劲再次调动起来。

"是的，我们刘老师是最好的老师！"

"也是最漂亮的老师！"

"我们班总是拿第一名。"

"考试第一名！"

"运动会第一名。"

"刘老师也总是拿第一名。"

……

孩子们这王婆卖瓜——自卖自夸的劲儿一上来，就没个停。迎着老师们投来的好奇的目光，我是哭笑不得，内心却是欢喜。赶紧带着孩子们离开了会场。

孩子们确实很优秀，而我并不像孩子们说的那样突出。但是在孩子们的眼里，刘老师就是最好的老师，这样的信念，对孩子们来说，就是最好的。我宁愿这种思想蔓延，在孩子们的心里根深蒂固。也只有这样，教师的教育，才会更易于孩子们接受，更容易发挥作用。我很感激家长们，能够帮助老师在孩子的心目中树立这样高大的形象。

这让我想起我的外甥女刚来虹桥学校的时候。当时她五年级，对新鲜的一切都感到好奇而充满疑问。这无异于一年级的新生。起初，她总会拿现在学校里的一切和原来的比，自然有更好也有不足。而我总是告诉她："不要怀疑，你的所在班级是全校最好的一个班，你的班主任是我们学校最优秀的班主任，你的数学老师也是学校最厉害的数学老师，英语老师那就更不用说了……"而现在，则是她每日在我耳边念叨："我们班主任说这个要这样做，那个要那么处理。""我觉得我们班主任真的太英明了，她是全校最好的语文老师。""数学老师总是问我们听懂没有。""我好喜欢我们的英语老师，同学们也都很喜欢她，我觉得英语课越来越有趣了……"不得不说，她的成绩大有进步。起初她最不喜欢英语课，现在也能主动去听音频，只为上课获得老师的赞赏。

偶像的魅力，可以有！

小组评比方法多

怎样激发孩子的学习欲望？经过我多年的实践总结，我发现，小组评比是一个很好的方法。但是普通的小组评比，例如画星星、画红旗等方法用久了，孩子们就没有了新鲜感，也就会失去兴趣。于是乎，我找到了一些其他方法，不仅形式多样，而且趣味多多，能时时刻刻激发孩子们的学习兴趣。

爬楼梯，小组比赛，看哪一组画的楼梯阶梯更多更高；摘葡萄，课前画两片葡萄叶子，学生依据表现来累积葡萄粒；摘樱桃。画一个樱桃枝，看哪一组的树枝上结的樱桃多；吃苹果，课前画一个水果盘，表现好的小组添一个苹果；种南瓜，课前画南瓜藤，表现好的小组画一瓣南瓜肉，直到一个南瓜长全；种香蕉，和南瓜类似，课前画香蕉梗，看哪一组累积香蕉最多……

当然，这些方法都异曲同工，其实质就是激发孩子们的胜负欲，让其体验获取劳动成果的快乐感。

第五章

—— 五年级，恰同学少年

恰同学少年

湖湘学子，当有大志。

这一年，孩子们开始讨论各种八卦、国际局势甚至是财经人物……各种话题以少年人特有的理解和逻辑，开始在班级里三三两两地冒了出来，其中的观点乱七八糟，却也好似有模有样，让人忍俊不禁。

"十岁头伢子不怕天"，乡俗俚语中有大智慧。

为人师表，当是楷模。所以，几年来不论经历了多少炎凉风雨，为了告诉孩子们理想的重要性，我坚持写下了这百万字的教师心得。人生的路很长很长，有价值的事情总是不容易的，总是需要长期为之努力和坚守。虚度光阴，光阴亦不可留。我总是希望我的学生，少年意气风发时能立下志向，然后在未来数十年的求学和事业中不断地为之坚持和努力，这样的长期努力将会为他们的一生缔造多么不凡的成就！

"恰同学少年"的意气风发，需要家长们的深度参与。我们需要帮助他们在一次次的活动中建立对世界、对人生、对价值最基本的判断力，并以此去坚定他们少年意气中的追求和理想，这种引导是他们确立良好的世界观、人生观、价值观的开始。

这些事情是伟大的，也是有趣的。

家长开放日的感动

　　今天是家长开放日，比较重要的日子，所以一大早我便带领孩子们布置好了教室，迎接家长们的到来。家长们会随堂听两堂课：语文课和音乐课，随后我们会进行班级交流，专题讲座。作为班主任与语文老师，我既要把控整个流程，又要上语文课，所以，今天对于我来说绝对是一个忙碌的日子。但与此同时，我又很期待与家长们进行面对面交流互动，因为这样，我们能更加了解彼此，更加和谐、融洽地助力孩子们的成长。

　　当我们准备好一切后，家长们也陆陆续续地出现在了教室外。而负责迎宾的几个孩子也都有条不紊地做着自己的工作，整个现场秩序井然。

　　上课铃一响，家长与孩子们全部各就各位，而在上课的过程中，家长们特别安静，特别配合，丝毫没有影响我的教学进度；孩子们似乎比之前更加认真，更加积极了。整节课，我没有感到任何的紧张和压力，我为他们说的话感到惊异，为他们的智慧感动，同他们的思想产生共鸣。一节课下来，我内心充满着愉悦和激动。

　　班级交流与专题讲座也如计划一般进行得很顺利，通过交流，我们更加意识到对于孩子的教育，父母与老师所扮演的角色同样重要，我们今后要多加沟通，共同探讨对孩子的最佳教育方法。

　　活动结束后，家长们给予了我们充分的肯定，开心之余，我更多的是欣慰，是感动，很感谢家长们的理解与支持，希望我们今后如之前一般相互激励，在友好、愉悦的环境中相互合作，达到共同的教育目的。

志愿助残，让爱有声

尽绵薄之力帮助需要帮助的人是我一直想要做且一直在做的事情，而我也总是把这个理念传达给孩子们，所以，在我的鼓励下，孩子们都积极地参与各项公益活动。就在今天，我们班26位小朋友及其家长，来到了长沙市雨花区爱丽聋儿听力言语康复中心，进行志愿服务。

来之前，我们便做了大量的准备工作，孩子们和家长们都积极参与，主动包揽各项任务，有的家长负责租车，有的家长负责孩子们文艺演出节目的编排工作，而我则负责采购工作，为康复中心的小朋友们准备小礼物，一些家长怕我一人太累，也加入我的队列中……经过两天的精心准备，我们终于可以放心出发了。

康复中心的小朋友大多是2到6岁，当然也有二十几岁的"大孩子"，他们都是因为听力、言语障碍在这里学习、生活的。孩子们拿着礼物，走进教室，和他们说话，他们咿咿呀呀地发音，我们完全听不懂，但从他们的笑容和兴奋中，我们知道，他们需要关心，他们渴望朋友，他们对我们的到来感到快乐。看，有小朋友从座位上跳起来了，有小朋友不由自主地向我们跑来，还有小朋友拉着我们的手，仰着脸，微微笑，翠玉般净透。他们接过牛奶，迫不及待地送到嘴里，开心地笑着。家长和孩子们拉着他们的手，用最简单的语言和肢体动作与他们畅快地交流。

为了让气氛更加活跃，家长和孩子们把自己准备的表演节目带给了大家，尽管康复中心的场地很小，但大家都玩得很尽兴。气氛高涨时，孩子们一起上台表演，他们洋溢着一张张可爱的笑脸，稚嫩的小手挥着舞着，引爆了全场气氛。让我们惊喜的是，康复中心的孩子们也为我们准备了特别节目，他们给我们带来了舞蹈表演以及诗朗诵，看着他们自信地跳着，尽管动作不是很连贯，但我们仍然会不自觉地为他们鼓掌，而最让我们感动的节目则是《我多想……》诗朗诵："我多想听到林中小鸟的歌唱声，我多想听到潺潺的小河流水声，我多想听到小伙伴的嬉笑声……"孩子们稚嫩而模糊的声音，使所有听众的眼眶泛红了。他们也是一群孩子，只是他们听不出四季的变化，难以用语言表达自己的感情。但他们同样有一颗童真的、美好的、向上的心。他们比我们更需要关心，更需要关注，更需要爱和保护。也许我们只是举手之劳，对他们而言，却是莫大的欢喜与温暖。爱和善都是一种能力，只要我们愿意。

我们一直在路上。谢谢这些充满爱和善的孩子与家长。

奔跑吧，孩子们

五一劳动节，清晨的雨露带来心灵的清爽，紧随的阳光让好心情溢彩，我们班的四十二名孩子携手家长共九十余人同聚乾扶塘休闲农庄，举行了盛大的撕名牌的亲子活动，上演了一场真实的"奔跑吧，孩子"！

孩子们热情洋溢，分成了四个小队，分别取名为勇敢队、胜利队、狗仔队、奔跑队。在小曦爸爸的主持下，孩子们和家长们兴致高涨，游戏环节有条不紊，精彩纷呈。

因为难度系数比较低，我们把"悄悄传话"游戏作为热身环节。一长段话通过一个传一个的形式传到最后一个人，最后一个接收者完整叙述第一个人所说的话则为成功，由于游戏本身比较简单，再加上大家的默契，四组都成功地完成了任务；相互模仿游戏中，孩子们各显神通，体态各异，创意十足，引来家长们的阵阵笑声，团队合作意识升温。表演拼图的游戏把活动推向了高潮。孩子们分工合作，动手能力强的拼拼图，活动能力强的轮流站起来表演节目，拼图不完成，节目不停止。现场气氛紧张而活跃，家长们都围观其中，一边给予孩子拼图指导，一边给孩子打气，让每个孩子都能主动地站出来展示自己，团队精神推向高潮；最后，也是孩子们最期待的压轴好戏——撕名牌。有铃铛，有名牌，更有家长的全程陪同守护与摄影。整个游戏过程紧张而又刺激，最终在孩子们"再来一次"的呼声中圆满落幕。

活动中，孩子们或因胜出而兴高采烈，或因失误而懊悔不已，或因失败而痛哭流涕……毋庸置疑的是，通过这些深刻的体悟，孩子们更能明白团队精神的重要性，学会摆正自己在团队中的位置，能够主动发挥特长，与他人合作。

我们班是一个多才多艺，兼容众长的大家庭。孩子们的特长各有千秋，家长们也都身怀绝技。这也是一个非常有凝聚力、团结奋进的集体。

　　奔跑吧，孩子们，向着明亮的远方！

跳蚤市场

3月18日中午，风雨操场人头攒动，欢声笑语，孩子们像过节一样迎接着他们自己举办的跳蚤市场活动。

为了这个活动，孩子们已经提前准备了许久：找好摊位、准备摆摊的垫子、制作海报宣传、准备要销售的物品、给物品标价、登记……大部分商品都是孩子们从家里带来的二手物品，有的是家里的闲置物品，有的是孩子们已经读过的课外书籍，有的是孩子们珍藏已久的心爱玩具。而我们班有一大特色，就是我们班的孩子专门为此次活动精心准备了手工艺品和美食，这可吸引了不少顾客……看着琳琅满目的商品，不得不说，为了这次活动，孩子们可谓倾尽全力。

"售货员"的吆喝声、顾客们的讨价还价声、彼此的欢笑声在校园飘荡，吸引了一批又一批的顾客，现场气氛十分热烈。

两个小时的时间，大部分孩子的商品都被抢购一空。孩子们收获满满。这样的活动，既增强了学生的综合实践能力，又培养了爱物惜物的好习惯。小家伙们都纷纷申请："刘老师，下次我们还要参加。"

秋季运动会

　　一年一度的秋季运动会在风和日丽的天气中召开。

　　低年级时，为了让更多的孩子有参与感，真正实现"我运动，我快乐"的目的，除去身体原因不能参加的孩子，我会让每个孩子至少参加一个项目，让孩子们能够在运动场上展现自己的风采。而今年，我不再有这个"特权"，因为所有的参赛选手都是由体育老师在体育课中选拔而出，这也是为了让运动会更加专业和正式。

　　我们班有几个同学被选拔出来，为了让他们专心比赛，为个人以及班级拿到一个好成绩，我和其他没有参加比赛的孩子决定做好他们的后勤工作。

　　比赛前，为了消除孩子们的紧张感，我会先让他们到一旁做拉伸活动，放松身体，然后给他们讲解比赛过程中需要注意的问题，提醒他们最重要的是安全第一。这其中我最担心的项目是跑步接力赛，因为此前孩子们并没有参加过这个项目，尽管之前训练过，但我还是怕出错，于是我便找来了一个树枝，把其当作接力棒，让参加这个项目的几个孩子再练习会儿接力棒的接力。

　　比赛开场后，没参加比赛的孩子们大声加油助威，参加比赛的孩子们分秒必争，奋力拼搏，最终我们班总体取得了不错的成绩，尽管个别孩子的单独成绩不太理想，但还是感谢每个孩子的努力付出，也为每个孩子感到骄傲。

　　孩子们，我们可以不优秀，但不可以不幸福。何况，每一个你，都如此卓越！

敬老院献温暖，虹桥学子才艺多

早上8点，我们班十多名家长带着孩子们和我一起来到了事先约定的集合地点——红十字会。在红十字会工作人员交代完注意事项后，我们一行人出发，来到了岳麓区敬老院。

进院后，在红十字会劲哥和小燕姐的安排下我们分成若干组开展服务，同学们拎着精心准备的清凉包挨个送到老人们手中，家长们则和老人们热情地攀谈着。

活动当天一改几天来的闷热，人们的心情也和天气一样倍感舒适。为了让老人们愉快地度过一天，家长们扶着部分行动还算便利的老人缓缓地走到院子的前坪坐下，而孩子们则开始聚集在前坪展现才艺，小茜的独舞《课间十分钟》尽显基本功，小雯自信大方的恰恰舞让大家赞叹有加……老人们高兴地看着，热烈地鼓掌，看到他们脸上的笑脸，我们也由衷地开心。文艺表演结束后，孩子们则主动在院子里打扫卫生，尽可能地为老人们做一些力所能及的事情。厨房里更是一片忙碌的景象，剁馅、拌料、熬酱……爱心之旅的传统保留项目包饺子一如既往紧张有序地进行着，很快热腾腾的饺子端上了桌，还有白白胖胖冒着热气的馒头，老人们和我们一起共进午餐，都吃得非常开心。

此次活动既给老人们带去了温暖，也让孩子们进一步明白了敬老的意义，所以我和家长们一致决定这个活动我们要长期坚持下去，培养孩子社会责任心的同时，为社会做些力所能及的贡献。

神威能奋武，儒雅更知文

一线传来好消息，我们班小骏、小熙、小勋参与的男篮校队在区赛中获得冠军，我们班女篮校队获得亚军！我们班女子队只训练了一个多学期，而冠军对手是已经训练了三年的历年冠军队！对我们来说，这已经是非常优异的成绩了，所以这些孩子的付出与努力不言而喻。

学校的足球、篮球、羽毛球俱乐部组建不久，但是我们班孩子的参与率非常高。据统计，男篮有9个孩子参训，3个是校队成员。女篮有13个参训，10个是校队成员；足球有16个孩子参训，其中小游是校队顶梁柱，小曦、小博、小胜、小诚都是足球赛的骨干。参加羽毛球训练的较少，只有小琪一人。所以，合计39人次参加课后俱乐部。对一个由59人组成的班级来说，这已经是一个很可观的数据了。当有人向我请教如何提高孩子锻炼身体的积极性时，我仔细一想，有如下方法，以篮球招生为例：

一、晓之以理，积极发动

篮球俱乐部在我们上学期才成立，招生简章一出，我便在班上以作业的形式，向孩子们公布了此事。内容包括招生简章上的授课内容、时间等。此外，我会特别强调学习篮球的重要性，运动有益于身体健康，有利于提高身高，有利于提高学习效率……并向孩子们说明，女队参赛前景乐观，有利于获得荣誉；对于即将升入初中的我们，学会这一项技能，在初二的体育考试时，就能轻易拿到第一个A。同时，我向孩子们分享了我曾经因体育成绩不好而错失机会的故事。真实的故事让孩子明白，多一项能力对自己以后的人生是有利无弊的。

二、奖励机制，激发动力

孩子们进入中高年级，我在班上采取了积分奖惩制度。班上有严明的加分扣分要求。对于积极参加活动的孩子，加分自然不会少。班规中就有这样的一条：积极参加活动，加六分，活动参赛获奖额外加分。在这样有效的长期的积分奖励中，持续激发孩子们的学习动力。

三、教师参与，保持兴趣

孩子们每次训练都基本在放学后的下午4点到5点半，一个半小时时间。只要当天我没有开会等任务，我就会放下手中的琐事，陪孩子们全程参加训练。我一起训练，孩子们顿时觉得亲切无比，陌生训练带来的不适瞬间减少了一半。孩子们的表现欲更强，希望在我面前留一个好印象。似乎我的参与对孩子们来说是训练中的一味暖心剂，是孩子们持续学习体育项目，保持学习兴趣的一颗种子。

四、大肆宣传，家长满意

学习是一个持续的、系统的过程。体育学习不仅仅是培养兴趣，锻炼身体的过程，也是养成专业素养的过程，而专业素养的形成不是一朝一夕，一个学期就可以的，而很多家长却没有这方面的认知。如何让家长也能持续支持孩子的兴趣发展呢？大肆宣传，是一个好方法。每次我和孩子们一起训练，我都会拍大量的视频、照片发群里。利用一切机会留下视频、图像资料，让家长们了解孩子们的所学，为孩子们骄傲。比如每次训练的休息时间，我会组织孩子们带球摆造型，拍一些美美的照片，不仅仅要发到运动群，还要发到大班级群，让其他家长也都看看。同时，微信朋友圈，我也会经常发和孩子们一起运动的照片。孩子的进步，家长看在眼里，他们觉得自己的支持和付出是有收获的。家长满意，我们的工作才能持续长期地开展。

正如我们班的运动会口号所说："文者称雄，武者称霸，4班4班，雄霸天下。"在培养孩子语文素养的同时，我立志要让我们班的孩子成为身强体壮、文武双全之人。当然，事实也果真如此，我们班在各种赛课中所展示出来的语文素养，让台下观众和评委纷纷点头称赞，而每次的运动会、足球联赛、篮球联赛、田径运动会，我们班从来都是稳稳地坐在冠军的宝座上！希望我带的孩子，都能像《三国演义》中关羽那样："神威能奋武，儒雅更知文！"

舌尖上的惊喜

"六一"儿童节是让每个孩子充满欢乐的节日！踏着六月的鲜花，迎着初升的朝阳，六月一日，虹桥小学五4班家长携手孩子，欢聚一堂，用厨神争霸赛的方式，庆祝这美好时光！

孩子们已经持续两年的周末跟着父母学习了大量家常特色菜的制作。为了给孩子们提供一个展示的平台，小曦爸爸策划了这一次大型的厨神争霸赛。活动前，小曦爸爸带领家委会做了全面细致的准备。所有孩子在活动前几周，就策划好了自己即将展示的菜品。活动当天，一大清早，孩子们就出门购买食材。充分的准备为活动的顺利开展奠定了坚实的基础。

在比赛中，每位选手都全力以赴，忙得不亦乐乎。他们摆开阵势，一丝不苟地精心制作，各位选手虽然只是五年级的学生，但对做菜流程丝毫不陌生，只见他们有条不紊、动作娴熟地拿出绝活，用心地洗、小心地切、大汗淋漓地掌勺烹饪……那场面，好不热闹。

不一会儿，整个现场菜香扑鼻，一道道精美的菜肴便展现在评委和家长门面前，有红烧鲤鱼、清蒸鲈鱼、辣椒腊肉、黄瓜火腿、凉拌小菜、手撕包菜、农家小炒肉……为了让自己的菜品更加突出，孩子们还分别起了一个独一无二的名字。

品菜后，评委们从色、香、味、形、健康等角度对参赛的菜肴给予了评审和点评。经过严格打分，最终，小晨小朋友在众多选手中脱颖而出，他的"展翅高飞""金屋藏娇"不仅在味道上香甜可口，而且在外形创意上更胜一筹，菜品一端出，就被大伙一抢而光，也因此，小晨光荣地被评为"最佳厨神"！

最终，评委代表发言："尽管冠军只有一个，但孩子们的努力不分高下，孩子们给所有人带来了一盘盘'舌尖上的惊喜'。"

"六一"儿童节文艺会演

"六一"儿童节文艺汇演活动中，我们班准备的节目是舞台剧《我选我自己》。我的理念是，让所有想参加的孩子都能参加，并且争取让每位孩子都能够有机会出现在第一排。尽管一开始指导老师表示我的想法很难实现，但事实证明，我们做到了。我们用不断变化的设计，让37位孩子都真真切切地在舞台上展示了自己。而且，没有参加节目表演的孩子，我也给了不同的机会让他们上台，比如让他们到舞台上帮忙举牌、代表领奖品与奖状等。也许有的家长们会认为孩子在舞台上就那么几分钟，而且不是最重要的角色，那么参不参加都无所谓。但对孩子们来说，能够出现在舞台上，那就是他们的骄傲和自豪，在其中，他们的内心有更多的体验，对生活和自己也会有更多的认识和认可。

在排练的过程中，也曾有老师劝我，别让大家都上台，选十来个人就好，既方便管理，节目质量也容易出来。也有专业人员给我建议："刘老师，录音不要用他们自己的声音，选班上音色最好的，或者到其他班或者广播站借几个声音好的录就好。你录音轻松，效果也更好。"当然，各位老师都是为了让节目呈现最佳的效果而提的建议，但在我看来，孩子们的参与与成长最重要。

所以，尽管过程中我们会更辛苦，但我们仍然是开心的；尽管节目有瑕疵，但我们已经很满足。所以，只要在过程中倾尽全力，结果便显得不那么重要。

看来锲而不舍是有用的

为了提升孩子们对于班级活动的参与感，以及锻炼他们的策划与执行能力，我开始"偷懒"，放权，这其中当然也包括每周五下午开展的班会课的组织、策划环节。

几次下来，孩子们的积极性不但被调动起来，乐此不疲，而且策划与执行能力也提高不少。两周一次的班会课成了他们最期待的事情。每每铃声一响，我走进教室，他们已经整装待发，桌椅摆放整齐，教室布置简洁，旗手、护旗手昂首挺胸，展示他们的风采。这周班会才结束，孩子们就向我问起下次的班会主题，他们好提前安排主持人，准备PPT、教室布置和相关节目。

而一次"意外"的发生，再次印证了他们对于班会课的热忱。持续了两个月的足球大赛，学校选择在周五的下午举办闭幕式，所以我不得不把班会课推迟到下一周，于是我在班上宣布了这个不好的消息。当堂他们就表达了不满情绪，但没办法，学校活动我们是必须要参加的。

饭后，小怡、小宇、小可就到办公室来找我。只见他们谁都不说话，只是痴痴地冲着我笑。

"你们这是什么意思？"尽管我大概知道他们找我的原因，但我还是明知故问道。

"刘老师，我们把班会课的所有东西都准备好了。"

"我们准备了好久，用了好多心思。"

"我们把道具都带来了。"

"等不到下个星期了。"

······

他们连环炮似的说完后，又对着我谄媚地笑着。

实在不忍心拒绝他们的我略做思考后只好说道："好吧，那就用中午的时间吧。"

听到这个决定，即使在办公室，他们还是忍不住地欢呼起来。

小宇离开前还不忘丢下一句："看来锲而不舍还是蛮有用的！"

是呀，他们如此诚心诚意，我为何不满足他们呢！

爱劳动

如何让孩子们养成爱劳动的好习惯？

关于这个问题，我有自己的一些心得想要和大家分享一下，比如可以把某一周作为"爱劳动周"，当作爱劳动的动员大会。这一周，可以开展以下活动：

活动一：开展"我是家务小能手"的家务实践活动。让学生每天在家做一些家务劳动，并通过照片和文字的形式将所做的家务劳动记录下来。文字内容可以包括劳动内容、孩子感受和家长感受等，也可按自己思路记录。通过活动，让学生学会从小事做起，从自己做起，学会做自己力所能及的事情（当然，这需要家长配合）。

活动二：开展"校园清洁小卫士"的校园清扫活动。组织学生清扫校园垃圾，维护校园的整洁卫生。以班级为单位，分成小分队，划分任务，人人行动起来，让其在劳动中体验劳动的快乐和光荣，养成良好的卫生习惯，努力营造洁美的环境，形成主人翁意识。

活动三：开展以"爱劳动"为主题的班会活动。针对前面开展的家务实践活动和校园劳动实践活动开展一次"爱劳动"的主题班会，充分让学生展示自己的劳动过程和感受。爱劳动主题班会，可以安排以下内容：1.展示学生在家里劳动的照片。2.学唱《爱劳动最光荣》歌曲。3.进行动手比赛：系鞋带小组赛、收拾书包个人赛、折叠衣服比赛等。

活动四：展示劳动成果。收集活动一和活动二中的图片、文字资料，在教室里的多媒体滚动播出，也可以精选部分优秀成果，打印贴在教室宣传栏，展示活动过程和成果，进行热爱劳动的教育。有条件的话，还可以充分利用学校里的宣传栏、展板、多媒体。

"劳动周"的动员活动，让所有孩子都树立爱劳动的意识，都能主动投入劳动的潮流中。但仅仅靠这一周是不行的，没有持续的动力，一阵风刮过，不会留下任何踪影。孩子习惯的培养，是一个长期的过程，所以这就要靠老师和家长的高度配合。

　　我相信，如此培养的孩子，他们一定会独立自主、社会适应能力超强。

班级郊游活动

五年级，我们班迎来了小学生涯中的最后一次班级郊游活动，兴奋之余孩子们也倍加珍惜这次活动，而我们的目的地是贝拉小镇。

车子座位有限，孩子们分成男女坐在两辆车上。女孩子都规规矩矩地坐在座位上分享美食，谈天说地，欢声笑语不断；男生们则完全如脱缰的野马，沉浸在手机游戏中，玩得不亦乐乎。

为了避免孩子们到目的地还在玩手机游戏，我不得不事先规定，到目的地后一律不能玩手机，孩子很配合地满口答应。

到达小镇后，孩子们也没有失望，因为小镇也有很多游戏可供他们玩：有室外滑滑梯、迷宫、蜘蛛网等游乐场，还有室内搭积木等益智游戏厅，其乐无穷。

一场郊游活动，孩子们尽显可爱。有的孩子喜欢室外的游乐场，比如小锦同学，三个小时不到，他就把室外的游戏玩了个遍；有的孩子喜欢安静，像小益同学，他就像个安静的美男子，静静地搭积木；有的孩子喜欢跳舞，像小怡、小清、小宇同学，他们带了齐全的设备，找到了最美的湖边，留下自己最美的舞蹈足迹；有的孩子喜欢拍照，比如小晶、小晨、小蕾等同学，他们寻找各种角度，留下了最美的回忆；有的孩子喜欢滑草坪，比如小曦、小诚等同学，一个简单的陡坡草坪，他们乐此不疲，可以待上几个小时；有的孩子的重心放在吃上面，比如小游背着个大大的冰西瓜，和老师、同学们一起分享；有的孩子很热心地帮助身边的朋友，比如小孜、小可在集合时间主动到处去找没有归队的同学；还有的孩子，他们不喜欢出现在老师的视线范围内，喜欢悄悄地不受干扰地做自己喜欢的事情，他们三五成群，有自己的小天地……

各有不同，但是一直没变。五年，每次活动时，小晨都会给老师带一瓶水；五年，每次活动前，小涵爸爸都会问，班上有哪位孩子想去而家里条件不允许的，他匿名赞助支持；五年，孩子们都愿意把自己带的美食与同学分享，都愿意主动帮助同学……

　　与其说这是最后一次班级郊游活动，为何不说这也是一个开始呢？

主题周

针对我们班孩子们在学习、生活等各方面的具体情况，这一学期我采取了一周一主题的计策，每周都有一个主题，然后以此为主题设立奖惩标准。

具体方式是这样的，比如本周主题是卫生值日，那么教师便把奖惩的重点放在卫生上。做得好的，一一登记，周五班会时发奖品。表现不佳的，则采取适当的惩罚措施，比如罚第二天继续卫生值日，等等。我的目的是希望通过一周一主题的方式，端正孩子们各方面的态度和养成良好的习惯。

主题通常是我提前拟定好的，比如书写、预习、列队、就餐、两操……这些主题引起了家长们的浓厚兴趣，很多家长反映，主题的制定对孩子们有非常好的促进效果。并且，家长们也根据自己孩子的实际情况，向我提出了许多非常好的新的主题，比如按时主动完成家庭作业，主动帮助父母做家务，等等。

下面是我挑选的两个比较有代表性的主题周。

我发觉近期孩子们课前准备时间不到位，有的孩子没有休息，有的孩子没有拿出相应的书籍，有的孩子还在讲小话……这将会极大地影响当堂课的进度和效率。于是，我制定了课前准备周，每节课课前，我都会花时间来训练课前准备的事情。周一第一节课，细细告知孩子们具体要求（两位同学在老师来之前在讲台上组织）：从上课铃声响了开始，静静地进教室，拿出相应课程的教材，比如语文课，拿出语文书放在左上角，紧挨着语文书放铅笔，然后是橡皮。随后，趴在桌子上休息（休息口令：铃声响，休息好，右手放在左手上，右耳放在右手上，眼睛嘴巴都闭上）。然后，让孩子们一一按照要求休息好，我一一检查，不合要求的，一一纠正。第二节课，铃声响后悄悄站在后门观察，然后一一表扬那些按照要求做得好的孩子。周二，每节课课前——表扬课前准备做得最好的最佳同桌（让同桌互相监督，让更多孩子行动起来）。周三、周四、周五，对能够做到的孩子进行表扬、奖励，同时，对不按要求做的孩子进行小小的惩罚。让孩子们知道，做得好有奖励，做得不好是要挨批评的。

身体是革命的本钱，于是我便制定了吃饭周。吃饭分两种要求，一是安静排队、就餐，好的秩序才能保证孩子们专一吃饭，速度更快。二是要求光盘。周一吃饭，我们在班上说明要求，提前十分钟出发，一路上边走边停，表扬那些安静、整齐、手贴裤缝的孩子。到食堂门口分五队，表扬最快、最安静地站整齐的小组。进食堂、端饭菜、入座、吃完打的饭菜……

整整一学期，每周一主题，每周一总结，每周一奖惩，我明显感受到孩子们成长了，进步了。看，不用我引导，孩子们就能够自行排着安静整齐的队伍进入食堂就餐或者走出校门回家……这，多么令人欣喜！

意外的收获

"刘老师，对不起，你快去看看，小特的手出了好多血，我不知道该怎么办！"小杰满脸慌张地出现在我面前。还未等我反应过来，小特已经一脸哭腔地站在办公室。办公室老师们围上去，关切地察看他的伤情。血一滴滴地落下，在地上开成触目惊心的花。

"小特，快来！我们送你去医院。"小蕾老师急匆匆地扶着小特往楼下走，一边走一边回头告诉我："我已经向学校求助，总务室的老师会送他去医院。你别急！先安顿好班上。"

听到小蕾老师的话，我淡定不少，然后第一时间联系了小特的奶奶，要她赶紧去医院。

小杰见我打完电话，急忙向我解释事情的原委。原来小特和小杰刚玩游戏时，小特趴在门后，小杰不小心把小特的手夹到了。小杰知道，自己虽然不是故意的，但也确实做错了，于是他再次向我道了歉，然后让我给他家人打电话，请求家长的帮助。

面对小杰如此诚恳的态度，我很欣慰，没想到，小小年纪，他如此有担当，所以我并没有批评他，而是安慰他让他先去好好上课。

给他家人打完电话后，我便决定先去班上看看，稳定一下学生们的情绪。只见，走廊上、教室里，小洲和小杰两位孩子正拿着拖把和抹布，一点点地抹去地上的血渍。遇到意外的事情，能够主动想办法处理，真是好孩子！我本想给孩子们安排一些学习任务，要孩子们自主学习，可没想到，娄亚杰老师此时从自己班出来，直接进入我们班教室，说道："艳丽，你去处理，班上就交给我！"待我出了教室后，李秋香老师也走过来，对我说："第六节语文课，我来上，没问题！"

有强大的后盾，我来不及说谢谢便匆匆抓起包往医院赶。

到了医院后，我向送小特来的两位老师了解了一下小特的具体伤情，幸好并无大碍，小特只是手上破了一点皮，没有伤到骨头。在医生的建议下，小特缝了针并打了破伤风。其间，小特的奶奶和小杰的妈妈也都来到了医院。让我感到欣慰的是，小特的奶奶没有半分责怪，甚至还安慰起内疚的小杰妈妈，如此温馨的画面，确实让人感到温暖。

意外的事情，我们谁也不愿意发生。但是，在这件事情的背后，我们看到了一个有责任、有担当的小杰，看到了一个见机行事、帮忙处理问题的小洲，看到了小杰妈妈主动为所有费用买单的慷慨大气，看到了小特奶奶的宽容大度，看到了学校老师之间处变不惊、互帮互助、无私奉献的博大情怀。意外，谁说就只是坏事呢？

锁匠的徒弟

期中后，紧张的校园足球班级联赛火热进行。而让我骄傲的是，每次足球赛我们班必得冠军。

但是，这次他们的表现却让我有些失望，因为在比赛的过程中，频频传出孩子们因不能忍受裁判的不公平判决而爆粗口的事情。孩子们认为裁判临时改赛制，班上的足球主力都不能在下半场上场，他们心里很焦急。此外，裁判看到实力悬殊的班级赛，也有意偏向弱势。孩子们心中的小火球瞬间爆发，于是便有孩子爆粗口。

这种现象必须要禁止，不良之风必须剔除。可是，面对满腔怨气的孩子们，我该如何做才能让他们更容易接受呢？

思来想去，我觉得从道德风尚奖开始讲起比较合适。我说道："小诚在足球开幕式就对我说过，挂在上面的旗，有两面必定是属于我们班的，一个是冠军旗，还有一个是道德风尚旗。可是，老师想问你们，你们当初承诺的做到了吗？"

只见孩子们纷纷低下了头，但有些孩子仍然不服气，他们觉得自己是在合理表达情绪，是没有错的。

这让我立刻想起期中测试卷上的那篇阅读短文——《锁匠的徒弟》：

老锁匠一生修锁无数，技艺高超，收费合理，深受人们的敬重。

老锁匠老了，为了不让他的技艺失传，他挑中了两个年轻人，准备将一身技艺传给他们。

一段时间以后，两个年轻人都学会了不少本领。但两个人中只有一个能得到真传，老锁匠决定对他们进行一次考试。

老锁匠准备了两个保险柜，让两个徒弟去打开，谁花的时间短谁就是胜利者。结果大徒弟只用了不到10分钟就打开了保险柜，而二徒弟却用了半个小时，众人都以为大徒弟必胜无疑。

老锁匠问大徒弟："保险柜里有什么？"大徒弟眼中放光："师傅，里面有很多钱，全是百元大钞。"问二徒弟同样的问题，二徒弟支吾了半天说："师傅，我没看见里面有什么，您只让我打开锁，我就打开了锁。"

老锁匠十分高兴，郑重宣布二徒弟为他的正式接班人。大徒弟不服，众人不解，老锁匠微微一笑说："不管干什么行业都要讲一个信字，尤其是我们这一行，要有更高的职业道德。我收徒弟是要把他培养成一个技艺高超的锁匠，他必须做到心中只有锁而无其他，对钱财视而不见。否则，心有私念，稍有贪心，登门入室或打开保险柜取钱易如反掌，最终只能害人害己。我们修锁的人，每个人心上都要有一把不能打开的锁。"

我再次把这篇文章拿了出来，带着孩子再读，再品：老锁匠为什么不把接班人的位置传给技艺更加高超的大徒弟，而给二徒弟？孩子们都能畅所欲言，都明白那个道理。因为二徒弟有更高的职业道德。所以往往，道德比能力更重要！

是的，道德比能力更重要。孩子们沉默地低下头，心服口服。

我告诉孩子，解决问题有很多种方法。换个角度思考，真诚地沟通，等等。私底下，我又找了那几位表现"突出"的孩子私聊。

从那以后，没有出现过因为不满而爆粗口的事情。

篮球队员的耐心

自上学期班上组建了女子篮球队，我就一直陪着这群女孩子们全程参与每周三次的培训。作为校女子篮球队，她们训练的过程既辛苦又收获满满。每次训练一个半小时，从跑步热身、运动前准备、球性训练、技能学习、球赛演练再到最后的体能训练，环节层层递进，收获颇多。孩子们也在一次次的训练中进步，现在终于有机会参加区市的球赛了。我为孩子们高兴，她们的进步，我看在眼里。

孩子们进步的同时，我也收获颇多，我学会了三步上篮，学会了旋转，学会了即停即走……甚至可以和班上的男篮女篮一起打球赛。我也在一次次大汗淋漓中找到了运动的快乐，那是宣泄的满足，那是有孩子们陪伴的充实。对面有球飞过来，我会轻易地伸手拦截，然后完美投回去，再也不会有见球就吓得抱头下蹲的尴尬。谁说，这些不是篮球带给我的收获呢？

孩子们也是我的老师。我的协调能力不行，有关舞蹈，有关运动，有关肢体的所有行为，我都很难学会。但曾教练对我一直包容有加，我错了，会轻声细语地和我讲解、示范。孩子们更是从未降低对我的热情。还没到放学的时候，小晨或者小景就会问我今天是否要开会，是否能够参加篮球训练，然后她们便会早早地帮我抢一个最有弹性的篮球。而我一出现在篮球场，孩子们便是一阵欢呼声，有时候是好几个孩子替我准备了篮球。学习新内容，我总会跟不上，孩子们会给我鼓励："刘老师，是这样的！你看我做……""刘老师，没关系，慢慢练就好了。""刘老师，我给你当柱子（练习时的防守队员）。"每每这时候，我就在想，作为老师，我是不是更应该给孩子们更多的耐心和细心？

正如我的成长，学生的成长也需要耐心的浇灌。特别是一些后进生，只有耐心地等待，才能有开花结果的一日。耐心是一份关爱。有耐心的教师才能获得学生的爱戴。而且只有获得学生的爱戴，才会走进学生的心里，教师的教育教学才能取得最理想的成果。我应该更有耐心，期待一朵朵花开！

第六章

——

难舍难分六年级

六年级，"有始有终"是人生最重要的教育

这是最艰难的一年。

这一年，相伴六年的孩子们将各自远行。从一年级喊着"我拉粑粑了"的小萌妹，到出落成亭亭玉立的大姑娘；从鼻涕邋遢的跟屁虫，到英俊帅气的小伙子……记忆涌来，五味杂陈，让我刻骨铭心。

我时常在想，这六年来我为这些孩子们做了什么？他们都会是学霸吗？他们的理想能实现吗？他们这六年的少年时光于其一生中会留下什么……

那个喜欢画画的小美女呢？你说你要先成为湖南第一大画家，然后再走进国内顶级画家行列，最后再冲击世界；那个爱说笑话的小帅哥呢？你说你有500个笑话，老师才听了几十个，你想要考的中国传媒大学分数可不低，以后一定要努力学习；还有那个要当村干部建设乡村的小家伙、爱哭的舞蹈家、觉得自己很厉害的功夫高手、立志要做动物园园长的铲屎小官……你们每一个人选定的志向和理想，老师都记在本子上、日记里。我知道你们在努力，你们在悄悄地坚守着老师和你们的约定，咱们一起静候岁月开启未来征程，可好？

始于志向，终于理想。

我亲爱的孩子们，慢慢来，不要怕，勇敢地向前迈进。

老师在这里！

我这样懒的老师

不得不说，我们班的孩子各有千秋，各有个性，但无论是乖巧的孩子还是调皮的孩子，都非常喜欢我。我想主要是因为我是一个"懒老师"。

我是一个懒老师，孩子能做的事情，我绝对不做。班队课，队会仪式、主持、节目排练等的要求我只说一次，然后全部由他们自己负责，自己组织。而且，我进教室时，桌椅摆放、卫生、黑板布置、课件安装等必须全面到位，我只是班队会的旁观者；课堂上他们如果回答得很精彩，那他们得自己总结关键词，写在黑板上，如有不认识的字，自己查字典；批改作业这项工作，所有的孩子都参与，同桌先相互看一遍，再交给我最后批改，已经发现问题并且更正的，我提出表扬；献爱心捐款活动，所得善款也由学生自己送过去……这是他们的学校，他们的活动，他们的课堂，他们必须为自己做主，必须做自己的主人翁。我，就是一个懒老师，只是默默地陪伴在他们身边，当他们不得不需要我帮助的时候，我才会为他们指点方向。

看，他们是学习成绩的佼佼者，是运动场的冠军，在科学操作中夺魁，在竞演的舞台上绽放光华……这样其懒无比的老师，班上的孩子都这么勤快，这么优秀。

卫生委员

"刘老师，小贤也还在教室吗？我刚刚在校门口遇到他爸爸，他都等了半个多小时了。"小胜的爸爸来教室接小胜放学，问起小贤。

"他在打扫卫生，我告诉他让他先走。"为了不让小胜爸爸着急，我决定为小胜善后。

可是，令我没想到的是，小贤坚持要把自己作为卫生委员的职责完成后才离开。

自二年级，小贤就担任我们班的卫生委员。他做事情非常认真负责，教室和公共区卫生每日都安排得妥妥的，打扫得干干净净。每每有同学请假或者没有搞干净卫生，他都会一个人默默地把事情全都做好再回家。他经常一忙就很晚，非常辛苦。我对他甚是喜爱和放心。可是三年级时，因为各种缘故，他辞去了卫生委员，做起了数学课代表。卫生委员会耽误做作业和玩的时间，确实不能勉强。可四年级还没开学，小贤的爸爸妈妈就嘱咐我说，一定要让小贤继续当卫生委员。

对很多家长来说，让心肝宝贝孩子每天都如此辛苦，还经常因为搞卫生弄湿鞋袜，真是于心不忍。可为什么小贤的爸妈还提出这样的要求呢？原来，辞去卫生委员职务的小贤，每天放学后多了大量的自由时间，于是经常在放学的路上与其他同学嬉戏，很晚才回家。回到家做作业也变得拖沓。为此，小贤的爸妈没少操心。我也发现，小贤回到卫生委员的位置，整个人都精神起来了，上课学习状态也好了许多。

看着那个神采奕奕的小贤又回来了，我心里着实高兴。仔细一想，这个工作虽然辛苦，但他却收获颇丰。一是他找回了同学们的关注和认可。自信心自然上涨。二是他也得到老师的关注。卫生委员每天都要向老师汇报卫生情况，与老师的接触更多，受到的关注和认可也越多。三是，为班级做的贡献多了，能够找到个人的成就感，这种成就感更能激发他在集体中的斗志和变得更好的欲望。

希望小贤今后能继续保持如此良好的状态。

我爱小宇这孩子

小玶的腿伤好了。在小玶妈妈感谢我在学校中照顾小玶时，我惭愧不已。因为自从小玶因为小车祸受伤不能行走之后，都是小宇这孩子照顾着她。说起小宇，我的心里就涌起一种自豪之情。

这孩子，热心。小玶受伤的第一天，小玶妈妈就特意拜托与嘱咐我关于小玶吃饭、玩游戏、上厕所等的细节。我虽一一记下，但有时也因琐事繁多，而有所有疏忽。第三节课下课，我要孩子们排队，准备去吃饭，这时，小宇蹦出来说道："刘老师，小玶不能走路，谁帮她送饭呢？"我猛地一惊，才恍然想起小玶的事情。"那就你吧。你帮老师，好吗？"此后每天，从不用我提醒，小宇都会以最快速度吃完饭，然后叫上小海、小曦等吃得快的同学，一起把饭菜给小玶送到教室，以让小玶不错过吃饭时间。看到小宇如此热心肠，我欣慰不已。

这孩子，细心。虹桥小学第二届歌唱大赛，我们班有四位歌手、六位小舞蹈家参赛。小洁就是其中的舞蹈天使。为了配上漂亮的粉红色裙子，演出最佳的效果，小洁盘了美美的发型，配上了可爱的夹子。可是，在等待的过程中，小宇突然发现，小洁的夹子脱胶了，上面的花稍不注意就会掉下来。表演在即，小美人急得眼泪直打转。这时，小宇果断地摘下夹子，边劝慰着小洁别担心，边小心翼翼地帮小洁用夹子上的丝线一圈圈地固定，不一会，小宇便有了成果。虽然，呈现效果不尽如人意，但是夹子能稳稳地戴在小洁的头上了。小美人破涕而笑，看着他们两小无猜的模样，我也笑了。

这孩子，贴心。"刘老师，我觉得你每天要上这么多课，还要改这么多作业，好辛苦的。我帮你按按摩吧？"仰躺在椅子上闭目养神的我，突然听到小宇如是说，心里一阵暖流。为了不打击他的热情，我答应他可以给我按两下肩膀。见我答应，他满心欢喜。小小的手掌，大大的力量，仅这力道轻柔的两下，我却感觉整个人能量满满，精神十足。另一次，一大清早，他一见我就迎上来，递给我一小袋食品，里面有红薯干、开心果、杏仁……"刘老师，这是我昨天从乡下回来，特意带给你吃的。希望你喜欢！"我摸着他的脑袋说道："心意老师领了，可是老师更希望你把它们分享给你最好的朋友们，那样不仅老师开心，你的朋友会更开心。"小宇听后满心答应。之后不久，我见着小宇的妈妈了，她说，在家里吃任何好吃的东西他都会惦记着老师和同学们，有次吃哈密瓜，小宇也说要给老师和同学们拿到学校去分享，但由于天气太热，不方便保存，在爷爷奶奶的共同劝阻下，他才罢休。如此贴心，又有心的孩子，我无比感动。

这孩子，文雅不失活泼。看他，斯斯文文的样子，不但成绩优异，写作水平非常突出，而且思维活跃、幽默风趣。这孩子呀，让人不得不爱！

做一个有温度的人

临近毕业，孩子，你们在做"有温度的人"方面又交了一份完美的答卷。

易老师生病了，他是我们最喜欢的体育老师，也曾是我们的副班主任，我们都很关心他。

孩子们，你们第一时间做了祝福卡。手工制作卡片，满载着你们的祝福与回忆，易老师说他看着看着卡片，已泪流满面。那是一片片的炭火般的温暖，流入易老师的心田。

孩子们，你们还组织了代表，带着全班同学的爱心与祝福去医院看望易老师。小怡还准备了鲜花和水果。看着你们编排有序地进入病房，看着你们一一送上的祝福与礼物，易老师极力控制着内心的感动与激动。

多么不容易呀，孩子们，在身边的人需要帮助的时候，你们用自己的行动践行着爱心与关怀。易老师说，他感动了许久，一觉醒来，看到孩子们稚嫩的脸庞，一句话都说不出来。他说，能够遇见你们真的是他这辈子最大的幸运。易老师很坚强，在病痛缠身、坐卧难安的时候，他极力保持着积极与乐观，可是看到孩子们的关心，他的眼泪忍不住流了一次又一次。

生命路上，我们行走，不是一个人，而是许多人，不管是父母的陪伴，还是亲人的呵护，或朋友的关爱。有温度的人，可能没有更大能力去帮助别人，但总能与人为善，给人带来春风般的舒服，春阳般的温暖。有时候只需我们一个动作，只需我们一句话语，便能温暖一个人，也许就是因为这个动作、这句话帮助了一个人，让他们从绝望中走出来，创造了奇迹。

孩子们，谢谢你们临近毕业的这份满分答卷！孩子们，希望你们在今后的人生道路中，坚持这份温暖。我相信，这份温暖的付出，会回报更多的阳光雨露，有温度的人一生平安顺意！

学会笑着解决问题

人生来就会笑，笑是人类生存的一种能力。笑，更是积极乐观的一种表现。

保安室给我打来电话，说我们班的小勋，要闯出校门。

上午全校在大礼堂观摩科技节开幕式。去之前我们就有约定，扰乱观摩纪律的孩子回来为班级服务或者抄一篇课文。不想回到教室后，几个同学们都一口认定小勋违反了纪律，该受到惩罚。可是小勋却自认为一直做得很好，并没有任何违纪行为，所以感到委屈的他开始向同学们怒吼。鉴于小勋激动的情绪以及为了不影响下节课的进展，我制止了同学们对这个问题的探讨，决定利用课间找小勋好好谈谈，也向其他同学了解一下情况，如果真的误会他了，一定会为他澄清。可没想到，因不堪同学的冤枉，一下课，小勋就提着书包要回家。

待我赶到保安室，他正号啕大哭着说同学们冤枉了他。保安室里的四位保安也正在宽慰着他。他却哭得更厉害了，反正是非回家不可。急中生智，我决定采取激将法，说道："老师这就给你妈妈打电话，你现在回家的话，下午的游艺会你也参加不了了。来，我打电话要你妈妈来接你。"听我真让他回去，他倒是好奇地看着我，哭声小了许多。

在保安们还在做他的思想工作的同时，我拨通了小勋妈妈的电话，向她说明了事情的缘由，并把电话给了小勋。收到妈妈的安慰和劝解，小勋立马安静下来，要和我一起回教室。

"我看，还是回家吧，你哭了这么久没有回成，多不划算呀。而且下午的游艺会不就是玩游戏嘛，你都不喜欢同学，肯定也不喜欢和他们一起玩，多没意思。那些什么吃的、玩的奖品，你也肯定看不上。不如回家呢。"这激将法不错，他倒是犟着说一定不回家，就要跟我走。

我带着他回到办公室，他在旁边站了两分钟，我估摸着他应该完全冷静下来了，于是说道："小勋呀，你今天在大礼堂的表现确实比以往都要好，说明你是在严格要求自己，老师可都看在眼里的。可为什么你在教室申辩的时候我没有理你，你知道原因吗？"

他摇摇头。

"你是板着脸，怒吼着在班上说的。如果你的怒吼是针对同学们，不是对我说的，我当然听不见啦。如果你的怒吼是对刘老师说的，当着这么多人的面，刘老师多丢脸啊。而且，刘老师本来是打算向同学们说明，你真没有违反纪律，是同学们看错了。可是，你一直拉长着脸，一副都是刘老师的错的模样，刘老师心里也觉得受了委屈。"

他不说话。若有所思。接着，我向他讲了小宇在楼道那儿因为不小心绊倒了小欣的事情。眼见事情已经发生，小宇主动把小欣扶到我面前，主动向我和小欣道歉，然后专注地为小欣清洗伤口上药。如此情况，我也不好责备，小宇见小欣并无大碍，笑着松了一口气，向我保证以后再也不会出这样的问题，并且说，如果小欣有什么问题，他会承担责任，还会用自己的零花钱给小欣买好吃的。看着他一脸的笑容，我没有说任何责备的话，联系了小欣的妈妈，带小欣去卫生院看看。

其间，我把带头说小勋违反纪律的两个同学叫到了办公室，两位同学说因小勋以前的表现不太好，所以才理所当然地认为这次小勋也违反了纪律，对于他们的想法我给予了批评，他们诚恳地向小勋道了歉，然后便让他们先回教室了。

"我们在平日生活中，要学会掌控自己的情绪，注意自己的行为，不要对自己、他人造成伤害。而一旦事情发生了，我们不能逃避，要主动去想办法解决问题。可是你今天这样大哭大闹地要闯出校门，是解决问题的方法吗？你这样只会给保安叔叔增加了困扰，让爸爸妈妈担心，所以反而会使问题更严重了。今天的事情，如果你是笑着向刘老师说明你的情况，告诉刘老师你是被同学们冤枉的。那么老师一定会为你解除误会的。"

小勋狠狠地点了点头。但是，源于他这么久还没有学会怎么解决问题，我还是罚他抄了一篇课文。他倒是心甘情愿地领了这个任务，脚步轻快地离去了。

　　之后，再有什么问题，他总是笑嘻嘻地对我说。

临近毕业的温情

5月，距离毕业的日子越来越近，也越来越多温情与不舍。

上午，和孩子们读到语文书上的《毕业赠言》时，因我还不肯面对这个沉重的话题，于是没有和孩子们做过多的交流，只让孩子们自己读了读，然后现场比赛背一背。

中午吃饭，我见今天的汤是紫菜汤，因我不太喜欢，就没有要。饭要吃完时，小晨见我还没有要盛汤的意思，于是主动对我说："刘老师，我给您去端一碗汤来？"见他那么真诚热切，我毫不犹豫地答应了。只见他小心翼翼地一步一步地端着满满的一碗汤，生怕其他孩子碰洒了，许久才把汤端给我。我当着他的面，把汤喝了个精光。我知道，他很满意。

午饭后，我陪孩子们打完篮球，回到办公室，看到办公桌上一张小小的单子压在鼠标下。内容如下：

"在我小小的心灵里，除了父母外便是您；在我小小的世界里，最了不起的便是您；将来我也要做老师，我也会一直为这个梦想而努力。"

刘老师，这虽然不是我写的，但却代表着我的心意。

您的学生：小明

小明这孩子，是中途转来我们班的。当时的他，沾染了许多陋习：不讲卫生；作业能拖欠的绝对不写；说脏话；打架；和同学相处不融洽，等等。这些习惯，甚至影响了我们班的个别孩子。

尽管如此，我是不会放弃他的，因为我能理解这孩子，他这样做，肯定有他的苦衷，也许是由于家庭原因，让他不太会和别人接触，也许因为刚到陌生环境，他把不好的一面展示给大家，只是想自我保护……但无论如何，我都相信，他肯定是有优点，而且他会变回一个积极向上、快乐简单的孩子。

经过与家长的沟通，我了解到，小明回家后会帮助家人做家务，在家人眼里，他是一个懂事，而有孝心的孩子。有一次被我留下补作业，我绕了一个大圈把他送回家，他很热情地和我告别，再三感谢我对他的关心。我知道，这孩子，其实内心柔软，重情重义。

今后的日子里，通过老师们的爱与同学们的关心，在学校里的他开始转变。如今的他，课堂上表现很积极，无论平时上课还是公开课，他都能自信大胆地表达自己；作业完成得很好，以前的作业本上，写出来的字几乎让人认不得，作业本也是扭曲、缺枝少叶，几乎不成本子。可是，现在，字迹工整，卷面整洁，作文句子通顺，表情达意准确到位；搞卫生他也是一把好手，经常留到最后，最脏最累的活他都不怕，都会冲在前头。所以，现在的他脏话、谎话都不见了，是一个干干净净、让人喜欢的男子汉。同学们都很喜欢他，认可他。

六年，我们该有多少回忆，甚至，好些孩子与我待在一起的时间比父母还长。愿，我们，一直都是我们……

毕业照的感动

拍摄毕业照的日子终于到来了，同学们怀着激动而又不舍的心情迎接着这一天。而让我们惊喜的是，连已经转学的小祎和小宇也主动报名参加了这次拍摄，这是一个大团圆的日子。

而另一边我却有些担心，因为天气预报说今天有雷阵雨，而因为拍摄日期定为周末，大家好不容易都有时间，和摄影师也是早早约好的，所以不能轻易取消。但幸运的是，天公作美，雷阵雨直至我们拍完后才如期而至，而孩子们也留有了美好的回忆。

而对于我来说，这一天是感动与开心并存的一天。

感动的是，家长们的全力支持。家长们都在为班级做贡献，甚至都忽略了照顾自己的孩子，更忙得没有时间给孩子们单独拍个照片。

开心的是，孩子们的全力配合。这些孩子们非常配合，精力十足。从太阳刚升起到夕阳西下的时候，他们一直都在校园内奔跑着，走动着，即使多么炎热，即使楼上楼下跑，他们都会摆出最好的姿势与笑容放在镜头前。孩子们的每一点成长，都是值得高兴，值得骄傲，值得点赞的。

愿，岁月静好，我们永好！

致你们，我亲爱的孩子

光阴似箭，日月如梭。六年，一晃眼就过去了。此时此刻，我还清晰地记得六年前的你们，那时的你们还只是一个个小不点儿。六年了，你们都已经长成了一个个朝气蓬勃、品行卓越的少年。

毕业将至，在我心里，你们就如家人一般，即使离开，我们也始终会重聚。

这宽敞明亮的校园，留给了我们很多珍贵的回忆。小晨好几次对我说，如果你们毕业了，我肯定会哭的。我肯定会哭的，我能不哭吗？我们相处了六年，两千多个日子，你们好些孩子和我相处的时间比父母还长；你们对我分享过许多不曾与父母分享的心情；我们有过许许多多刻骨铭心的故事……这许许多多的回忆，我都一字一字地写进了日记里，写成了专属于你们的记忆篇章。

日记里有你们的喜怒哀乐，有你们一次次的成长与骄傲。正如我们班的班级口号："文者称雄，武者称霸。"你们个个文武双全，是虹桥的优秀班集体。

你们文采斐然。看那一本本制作精美的诗集，从创作、输入电脑、编辑配图、打印成册，全都由你们自己合作完成，那是你们每一位小诗人的杰作，有的孩子一个人就创作了一本诗集，真是才华横溢！在国家级科学小论文、省级的"百变魔方"征文和市级的"创作杯"征文比赛中，我们班总有孩子获奖。小洁、小宣、小珊还在省级刊物上发表过文章；小可、小舟、小慧、小宇、小静、小淳、小熙等28个孩子的作文发表在国家创新杯精品作文集中；小俊、小茜、小静、小淳、小曦、小祎、小琪、小超、小贤等十几个孩子在省级刊物上露脸；小宇代表学校参加了区级征文大赛；小珊代表学校参加了法制比赛；小胜、小俊，总是大本大本地创作着奇幻的故事，他们将来定是杰出的作家。

因为有你们，我们班一直是"科技卓越班级"。小锦、小益、小卓、小晨在纸质结构模型大赛中获得区赛、市赛第一名；小宏、小益在市级机器人大赛中获得金奖；小宇在小小科学家的比赛中冲出市赛、省赛进入了国家赛；小洲、小志，每个假期，你们都和爸爸一起制作一个个精致的小东西，比如牙刷做的扫地机，空瓶子做的水火箭等等，让人叹为观止。

你们是艺术家。国家级"溢美童心"的书画大赛，小宏、小乐、小茜、小晶、小蕾等，你们都曾经获过金奖；"独唱、独舞、独奏"的三独比赛，小怡、小可、小宣、小锦、小婷、小淳等，你们都曾经在区赛中突围，获得市赛一等奖；小珊获得了省级艺术新星大赛金奖；小志，我总记得那次音乐课，你在后面用桌子和椅子做乐器创作，真是才思敏捷；小涵，平时沉默寡言的你，其实是一个钢琴艺术的追求者；小杰，每次因你的表演活灵活现，我们班才有"六一文艺汇演"活动的第一名；小孜的舞蹈、小祎的小提琴、小宣的钢琴、小洁的古筝、小宇的架子鼓、小晶的画作、小榕的钢笔字、小晨的围棋等，随便出手，都会给人以强烈的艺术感。

你们是运动场上的健将。全班每个孩子没有跳长绳不利索的。小晨、小洁、小婷、小慧、小乐、小怡、小清、小蕾、小冰、小景、小琪、小扬、小雯，你们是我们学校第一支正规女子篮球队的成员，你们以班队对抗其他学校的校队，以最顽强、最飒爽的姿态夺得了区篮球赛亚军，我为你们贺喜，并且记录下了每次一起训练时你们给我的感动和鼓励，你们是我学习的榜样。男篮也是一把好手，小熙、小勋、小骏、小烨、小超、小舟，你们在校队中一次次用最顽强的毅力进行高强度的训练，小熙、小勋、小骏都曾经获得区赛冠军，并冲入市赛。你们真是厉害！而足球更是让我们所向披靡：小游、小曦、小洲、小杰、小贤、小诚、小博、小宇、小胜、小海等同学，正是因为有你们，我们才能够连续六年在校园班级足球赛中保持冠军的宝座。小游，更是校足球赛的顶梁柱。

小涵，我也为你骄傲。你上课积极举手、自信大胆的样子，真是帅气；

小鸿，你搞卫生是最不怕脏不怕累的，同学们都喜欢你；小欣，每次进教室都能看到你默默阅读的身影；小香，你知书达理，懂回报，懂感恩；小怡，你每次背书都能一字不差，你学习成绩的进步可喜可贺；小娟，你字如其人般娟秀，自信大方；小坪，你从一个害羞地要牵我的手的小小孩成为一个抢球高手；小可，你扎实、能干，交给你的事情我都放心，正如你妈妈说的，你更像我的贴心小棉袄；小豪，你总在我觉得难受的时候，对我说："老师，你真的不要在意别人的看法，我们都支持你！"你就是一个妥妥的暖男；小雯，你是我最贴心的小助手，我没想到的事情你都能全面地想到；小瑞，你沉稳不张扬，学习也好，做事也罢，你都扎扎实实的；小特，你知道吗，看到你留在我桌面的纸条，我的眼泪就流下来了，纸条上写着："在我小小的心灵里，除父母外便是您；在我小小的世界里，最了不起的便是您；将来我也做老师，我常常这样梦想……"

　　我也常常这样梦想，梦想毕业的时间再远点，再远点，可是，你们离开的脚步越来越近。我希望，毕业后的你们，能常回来，找我打打球，聊聊新鲜事。我也相信，未来的你们，能做一个珍惜时间、珍爱生命、德才兼备的好少年。像雄鹰一样高飞吧，我亲爱的孩子们！爱你们！

暑假小建议

毕业考试成绩已经出来，孩子们都用优异的成绩为自己的小学生活画上了一个圆满的句号。本次毕业考试是长沙市统考，有着前所未有的难度，但是孩子们都发挥出了自己的正常水平，取得了优异成绩，又因是小升初，没有家庭作业，所以，这个暑假孩子们应该会过得比较轻松，但为了防止他们不会合理安排时间，我还想给他们提三点建议。

一、练字

书写，对于卷面分数的影响可不能小觑，有时甚至可以拉开10分左右。我经常对我们班的某小朋友说，他的作文如果是让另一个同学誊写一下，那么这篇作文可以打满分，可是，他自己写出来，一般得扣15分左右。没错，差距就在书写这。所以，我希望孩子们能利用假期，好好练练字。

把每个字写工整，把排版练美观，把速度提上来，这是书写的要领。假期天气炎热，利用午饭后的时间，写写字，然后再睡睡午觉，是一件美事。

二、阅读

通过这次的语文考试，我们知道，很多题目都不按常理出牌，不光是学生，老师们也有反映，这种灵活的出题方式，对学生的语文综合素养要求越来越高。那么阅读与积累则成为语文拿分至关重要的利剑。

每日可以给自己定一个最低的目标，有能力的孩子可以超量完成。我觉得可以从以下几个方面选择一项去完成，不管有没有课外辅导，我想最低目标都能完成。

1.白话文，阅读至少十页。这是基础稍弱的孩子可以选择的，容易懂，容易引起阅读兴趣。可以读沈石溪的动物小说，也可以读林清玄的散文、鲁迅的杂文、泰戈尔的诗歌等。许多文学大家的作品是首选。

2.对自己要求再高点，就读文言文，每天最少读懂两页。这需要借助工具书，或者购买有解说注释版本的书。比如四大名著还没有读的孩子，现在是最好的时机。《三言两拍》《资治通鉴》《古文观止》《论语》等，都是可以读懂的，又最经典的作品。

3.如果担心读书效率太低，不能有立竿见影的效果，那就背吧。找出初中、高中语文书上要求必背的古诗古文，每天背诵一小首诗，或者背诵小古文中的一小段。一个假期，绝对收获满满。

不管是要读的还是被背的，提前把书准备好，就放在床头，清晨起床精气神好，第一件事情，拿出来，先完成阅读背诵。晚上睡觉前，再温习一遍。不浪费时间，又有效率。

三、体育锻炼

身体是革命的本钱，不光是学习，工作、生活都需要健康的身体做基础。很多人说，到了中学，最后几乎拼的不仅仅是智力和勤奋，还要拼体力。所以，孩子们要利用假期，好好锻炼，既加强体质，又能增高，何乐而不为？

傍晚，天气凉快许多。邀上三五好友，或者来一段运动亲子时光都是不错的选择。每天以半小时以上的运动出汗为好。只是有人又要问，以什么样的运动为好？

我首推技能型运动。比如足球、篮球、排球、羽毛球、乒乓球等。有条件的家庭可以给孩子报个班，让孩子学得专业。没有条件的家庭，也可以自己玩玩。这些运动，是提升个人魅力的不二选择。此外，初三有体育会考，考试内容包括跑步、仰卧起坐（女）、俯卧撑（男），还有球类（足球、篮球、排球三选一）。体育成绩是算入中考成绩的。那么从现在开始打算，健康与首A两不误。

以上都没有喜欢的项目，那么可以选择跑步，每天给自己一个规划，一定要跑完多长时间，体能一样可以得到提升。

　　作为一个语文老师，一个班主任，一个经历过小学六年，又带着侄女走过初中的我，提出这些浅薄的建议，如果能对大家有用，我非常高兴。同时，如果觉得班级群对发展孩子的兴趣有作用，家们完全可以每天利用班级群打卡。希望毕业后，我们的群常在，感情长在！

我们再相见

我们再次相见，是在2018年8月28日。他们毕业于6月，是我的第一届学生，我们在一起六年，有着旁人无可比拟的深厚感情。

新学期我带一年级，琐事繁杂，所以开学前我就得到学校准备一些事情，他们也因此能回学校看看我。而让我更加暖心的是，见我忙碌的时候，他们并没有坐视不管，而是主动来帮助我，为我做了许多力所能及的事情，我也因此轻松不少。小志是和妈妈一起来的，他们看到我时，热泪盈眶，小志一句话也说不出来，小志妈妈激动地握着我的手，他们还带来了牛奶和水果，以示想念，而事实上，应该表达谢意的是我，孩子们已经毕业了，还能如此挂念我，我真的很感谢孩子们的暖心。

小茜与小可给我带来了三样东西：一瓶酸奶、一根棒棒糖、一包辣鱼仔，她们说是路上路过小卖部，所以给我买了。这应该是她们平时最喜欢吃的，她们愿意把心目中最好吃的东西与我分享，我在她们心中的位置可想而知了。

小晨和小豪是约我来打球的，小豪一见到我就说："刘老师，你换眼镜了！"没想到，他对我的观察如此仔细，这充分证明了他对我的关心，所以我又一次被感动了。忙里偷闲，我们下午还进行了两场篮球赛。第一场，我和小豪、小浩哥一组，小祎和小晨、小蕾一组，最终，我所在的组惨败，愿赌服输，我们被罚跑两圈。第二场，有小晶加入，我们女生四人一组，挑战他们男生三人，自然是打不过，但整个过程很欢乐，女生耍要"赖皮"，男生一再谦让，最后胜负不了了之。临走前，小晨和小豪还帮我摆放桌椅、抹桌子、清理小房子，短短半个小时的时间，他们做了很多事情，效率极其高。我的感激之情不言而喻。

　　6月，拍毕业照，毕业考试，毕业典礼……一系列的活动预示着他们就要离开了，尽管有很多不舍，但是我一点也不慌张。在我的心里，他们心里是有我的，我是很重要的，我们的感情并不会因为分离而淡化。甚至整个暑假过去了，我都不曾有些许难过与悲伤。可是，就在开学来临时，他们进入新学校，家长朋友们都在晒新的班级、新的同学、新的老师时，我的内心瞬间汹涌起一阵阵难受：今后，将会有新老师充斥他们的内心，他们也许渐渐就真把我给忘了。

　　直到8月28日，我再次见到他们那一张张亲切的、热情的甚至甜腻的脸庞，我的心又安定下来了。此刻，我的耳边响起小洁爸爸说的话："我会让小洁保持与您的联系，就如同我与自己的小学老师一样。"小曦爸爸也对我反复说过，孩子们虽然毕业了，但是我们的感情是一辈子的，往后，有任何需要他的地方，只需要一句话。我想，这就是对"时光不老，我们不散"的最佳诠释吧！

第七章

—— 支教的日子

支教，在最清浅的禅意里，遇见你

从长沙向西南约400公里，在雪峰山脉和越城岭山脉交汇处，溪水流转、蔚然成林的湘西苗乡中，坐落着一间整洁中略显破败的校舍。

2019年夏天，我踏上这片土地。这一方山水是如此的秀美，青草依依，白云悠悠，蛙鸣与溪水潺潺环绕，堪称盛境。孩子们一张张天真无邪的笑脸，是夏日的烈阳，散发着生命盈溢的光芒；同事们一声声关切的问候，又如同深山仙泉般，沁人心脾。

美景之后大多是冷寂与孤独，如同秋的凄凉、寂静。无处不在的蚊虫、浑浊且时断时续的井水、坑坑洼洼的黑板、皲裂的手脸、简陋至极的饭食、黑得可怕的夜……而这样的世界，又是如此的静美。我是如此爱这里，我可以依着瓜果的香甜从容走过岁月，日暮西临时，品一壶茶，哼一曲小调，挥一笔浅墨，再邀上三两清风，自得几分闲情雅致。

不染铅华的冬，落落大方地远离一城繁荣，如同宋词里南渡的那个女子，与线装典籍做伴，与泼墨山水结缘，徜徉在柴火袅袅的人间，独守自己的清明一隅。在这儿，好似与大千浮华自然地划分了一个不远不近的界限，不理纷扰，不迷俗媚，更不幽溺于犬马的奢靡，在一个人的生活里，一壶茶，一盏酒，一支笔，若偶尔得了一句清雅极致的文字，那便是整个世界的清风明月。

陌上花开，掬一捧微笑，眼眸煦暖，眉间缓缓，柳质的光阴梦幻迷离，清波荡漾的时光依然静好。我在光阴的树下睡着了，宿醉于静暖的时光；我的足履来得轻快，只因听了心的方向；我翻阅岁月的书签，一章章，一节节，一字一句，所有记录的美好，早已丰盈了生命。看，时光里所有的花儿都开了，开得温婉，开得明媚。

2020年夏天，我结束支教，离开了那些花儿。

仓央嘉措说："转山转水转佛塔，不为修行，只为遇见。"于那人，那山，那水，也许我只是像蜻蜓点水一样在湖面泛出微微波澜，但路过的那一瞬间的真情，点水那一刹那的光圈，便已将这四季的禅意，折叠成笺笺诗行。

邵阳支教第一周

一周的时间，我已经差不多熟悉了学校的各项规章制度，知道了各项工作具体开展的细节，凡事内心有谱儿，行动起来便不再有手足无措之感。

班上的孩子我都非常喜欢，虽然他们中识字的寥寥无几，教学进度要很慢很慢，最简单的内容也要反反复复地教，但是孩子们非常乖巧，非常受教。老师说的，他们都愿意去听去做。特别是一些小帮手，他们能力强，责任心重，交给他们的事情不仅能够按时完成，而且还能做好。

前几天虽然万分辛苦，现在却已经有了收获。家长朋友们也比预想的更友好。虽然起初因为语言不通引起过误会和不快，但是现在感觉越来越多的家长走在关注孩子教育的路上，家长们越来越信任我们、支持班级的工作，甚至是关心我们，所以整个过程，我们不光是付出，收获也是很大的。正如小昕妈妈，家长会见我声音嘶哑就给我留言："今天的家长会让我真切地感受到了老师的不容易。相对来说，这边条件是比较艰苦的，所以辛苦你了。"她还一直在关注我住的地方的虫子问题，不断地为我出谋划策，阻挡虫子："不知道宿舍的窗户有没有纱窗？还有就是门口有没有纱窗门？虫子从缝隙进来的？我看看是什么样的缝隙，那种虫子好像也没那么小呀？看看有没有那种杀虫的药粉往窗户缝隙处散一些？睡觉的时候把蚊帐垂下的部分放被单下面压好，防止虫子爬进床里面来……哦，对了，老师说要去买药粉灭虫，我想了一下你还是别买药粉了，药粉会被风吹走呀。你最讨厌的是隐翅虫对不？隐翅虫怕风油精，我们可以买几瓶风油精，找一个那种用来浇花的小喷壶，把风油精按比例兑水装喷壶，间隔几小时便往纱窗周边缝隙处喷一喷，而且喷风油精比较安全，就是不知道效果如何，老师觉得呢？"她也会不停地给我加油打气："老师不用担心，所有的困难都是暂时的！坚持就是胜利。我们一起努力！爱你！"在我需要帮助的时候，她总是会站在我面前。所以，我的收获是要远远大于付出的。

　　完整的一周，有期待，有绝望，有幸福，有哭泣，但这就是支教的独特经历，无论是笑颜还是眼泪，那都是一笔宝贵的财富。

开学前一天

9月1日，新生上课的前一天，我决定要给孩子们一个干净整洁的环境，于是推开教室门，开始按照自己的想法忙碌起来。

课桌是实木的，我推了推，有点沉重，孩子们不能轻易移动，是好事。课桌按照七小组，摆成了单行，不方便管理，我要把它们改成八小组，两两同桌，此时沉重的课桌椅成了我的阻力，但是不一会儿，经过我的努力，我还是把它们安置成我想要的样子。

讲台和墙角桌虽是实木，但是已经满布着岁月的烙印，还堆积着上一个班级留下的许多东西，桌角都是蜘蛛网，讲桌最里面被厚厚的灰尘覆盖着，里面放的本子也未能幸免，上面全是厚厚的灰尘，就像是有人刻意撒上去似的。我把所有物品清出来，放在一个纸箱子里，等着它的主人来收。接下来，我从周校长的办公室"掳走"了他那儿唯一的一块抹布，把教室桌椅、讲台、门窗一一抹一遍，因为没有水，只能用干干的抹布，粗糙地整一整。但是看上去，已经甚是干净、清爽。

远看不觉得，细看才发现，整块黑板上都布满了"小坑"，仿佛这黑板就是一个丘陵地形。黑板的布置至关重要，关系到教师的板书书写以及孩子们的视觉效果。所以我先把黑板擦干净，然后为了让它变得热闹、欢欣雀跃些，我又画了一些图画。也正因为黑板的特殊面貌，画的画都自带"压线笔"的效果，既视感自然非同一般，自有一番韵味。

忙碌一番，收获颇丰，但还有一些细节需要处理，因为天色已经晚了，陈校长又来教室叫我先吃晚饭，我就此作罢，准备明天继续，我一定要给孩子们一个崭新而又活泼、温馨的学习环境。

第一次家长会

9月5日，开学第一周的周四，全校举行了家长会。

因为是第一周，我还在适应期，焦头烂额地没有缓过神来，所以感觉一切都那么仓促，来不及精心准备。前一天下午放学后，我先把教室的前黑板简单布置了一下，虽然是简单布置，但于我的能力，还是花了不少时间。紧接着便打扫教室卫生，准备一次性杯子等东西。一番忙碌过后，觉得大致准备妥当了，我这才放心。

第二天早上，一进教室，陈才坤老师便提来两桶水放在教室里。陈老师是我的搭班老师，平时他帮助我很多，我很感谢他。由于这边的水钙含量太高，不能饮用，所以全校师生喝的都是桶装纯净水，但是需要自己去食堂边提，而我们班的提水任务陈老师主动揽了过去。

家长会开始前，我接到很多电话，有时候听不太懂，但从半方言半普通话中我大概能猜得出，是一些家长或因为家里有事，或因为要去另一个孩子的班级开会而向我请假并表示抱歉。我一一应允，他们提前打电话跟我说，这是对我的尊重，也是他们对孩子重视的表现，我表示理解与肯定。

许多家长第一次见到我，用毫不避讳的方式从头到脚地打量着我，我微笑着，与其说他们对我很好奇，不如说他们在了解我，了解他们孩子的老师是怎样的一个人。其实我也在观察他们，在观察中我感受到他们和孩子们一样淳朴，并且乐于接受。

在听完学校领导的广播讲话，完成各项表格任务后，陈老师率先上台讲话。陈老师和家长们用方言交流，我听得一头雾水，但是最后他介绍我的时候，我听懂了。我说："确实如陈老师所介绍，我是从长沙来的支教老师。"随后，我表达了对家长们的欢迎；简单介绍了自己，希望家长们把孩子交给我能放心；强调了安全，说我们班一定会按时放学，所以家长也一定要准时接送，保证安全；对作业做出了要求，我们按照教育局的要求，不布置写的家庭作业，但是其他的任何一项作业都要用心去完成，包括背诵、讲故事、剪指甲等作业，都必须按照要求来完成……

第一次和家长们见面，虽然到会的家长不多，但还是能感知到家长们对孩子们的期望与关心。此次家长会不仅增加了我和家长们之间的熟悉感，对于我之后的教学工作的展开有很大帮助，也让家长们充分了解到家校合作对于孩子的教育的重要性。

玲玲的小愿望

  玲玲是一个个子小小的、非常爱笑的女孩子，第一次认识她是在第一节语文课上，她的识字量明显高于其他孩子，也许正因为如此，她底气十足，无所畏惧，在课堂上表现得非常积极主动。第二次对她印象深刻，是在开学第二天，她的好朋友琪琪哭着不肯进教室，许是因为还不适应一年级的环境，许是离不开家人，背着书包，就赖在门口不肯进来，我好说歹说仍旧无济于事。这时候玲玲走过来，对我说："刘老师，她是我的好朋友，我们是一个幼儿园的。我来跟她说。"说罢，她就上前搂着琪琪关切地问："你怎么哭了？是不是舍不得奶奶？我陪你一起进去好不好？"这样乖巧又聪明伶俐的孩子，还时常绽放着灿烂的笑容，定然是收获了父母满满的爱的孩子。我心里不由自主地想着。

  可事实并非如此。她给我印象深刻的第三件事是买本子的事，全班孩子都买了，只剩她。她对我说："我跟奶奶说了，可是奶奶不给我买。奶奶说，要妈妈买。刘老师，你能帮我打个电话给妈妈吗？"说着她把语文书上写的一串数字拿给我看，为了方便联系，我要求孩子们都把家人的电话写在语文书上。她的书上写了几串数字，有一串是单独的，她指着说："这是妈妈的电话，妈妈一定会帮我买的。"我心里好奇，她在家里为什么没有给妈妈打电话呢？电话打通了，只是无人接听。她有点沮丧："妈妈一定会接的，虽然她和爸爸离婚了，她去了外地，但是她一定会给我买的。刘老师，你再打一遍好吗？"我这才茅塞顿开，看着她懂事又期待的眼神，我心里一阵心酸，可怜又可爱的孩子，让人心疼。

  不久后期中测试，阅读题是《我的小愿望》，其中有一个问答题是"你是不是也有许多小愿望？写一两个吧！"这种题目一年级的孩子还没有开始涉及，所以借此机会，我让孩子们先说说自己的愿望。有的孩子说："我的愿望是好好学习，做科学家。"有的孩子说："我的愿望是长大了做一名像刘老师一样的老师！"有的孩子说："我的愿望是希望爷爷奶奶给我买一车子的玩具。"……孩子们都真实地表达了自己的愿望。玲玲也把小手举得高高的，我点她，她站起来铿锵有力地说："我希望爸爸和妈妈可以一直陪着我！"教室里瞬间安静了，也许这是所有孩子的愿望吧。我一阵心痛与怜惜，怔了许久，忘了要她坐下，忘了此刻，是在课堂。

我们每个人都在承受命运给我们安排的一切，六七岁的孩子也不例外。但是生活中的许多不如意并没有磨去他们对生活的热爱和期待。玲玲依旧每天笑脸盈盈，每天找我秀她写的拼音，抄的字，每天问我，这个字怎么读，那句话怎么读出感情。她和其他孩子一样，是这个世界独一无二的璀璨光芒。

小斌

　　每个孩子都是特殊的存在。有的孩子像小奕一样静如处子，有的孩子像小斌一样动如脱兔，有的孩子像小欣一样能言善道，有的孩子像小林一样循规蹈矩，有的孩子像小昕一样乖巧懂事，有的孩子像小之一样机灵能干……每一个孩子都不可取代，就像我第一个认识的孩子小斌一样。

　　我第一个认识小斌，是因为小斌奶奶。开学第一天，孩子报道完，家长们陆续离校，可小斌奶奶和另两位家长还不忍离去，站在门口往里张望着。小斌奶奶更甚，一会儿进去递水，一会儿把小斌喊出教室叮嘱交代着什么。看得出，奶奶对孙子又是期待，又是各种不放心。为了不打扰课堂纪律，我不得不出面阻止这种行为，于是我笑着跟小斌奶奶说交给我，放心，奶奶也回笑着说好好好，但仍旧站在窗外不打算离开。

　　为了不受外面动静的干扰，我关上了前后的门。开学第一课，相比于优先进行教学任务，我则选择首先训练孩子们的学习常规。强化了第一项常规训练——端正静坐，同学们表现良好，于是我们开始第二项常规训练——物品的传递。训练物品的传递是因为当天要发课本，也是为了今后传作业本等学习用品，让孩子们养成好的传递规矩，可以提高做事效率，节省时间。当所有孩子都按照要求，安静地双手捧书、快速传递时，小斌奶奶已焦急万分，尽管还没传到小斌那，但她生怕小斌做不好，于是透着窗户的缝隙用方言对小斌喊着什么，从她的动作和表情，我知道，她担心小斌会做不好，正急切地指点着。果然，轮到小斌往后传了，小斌就只是静静地坐着，不知是奶奶的呼唤让他使起了小性子要逆着来，还是真的在发呆。窗外的奶奶已经急得要跺脚了，他仍旧无动于衷。我走过去，低头示范，要小斌学着我的样子做，书籍很快就传好了。于是，小斌这个名字，我第一个记住了。

经过我的再次劝说，奶奶终于离校了，而让我没想到的是，小斌也不安定了，不管是不是上课时间，他背着书包就要往外跑。没办法，我只能追着，把他劝回教室。这孩子，还挺会"见缝插针"的，老师一回身，逮着机会他就背起书包往外跑。几次之后，他觉得背书包跑太麻烦，干脆舍弃书包这个累赘，拔腿就跑。再后来，他发现不管怎么跑，老师都能把他抓回来，于是便不跑了，干脆趁下课时间，出去玩然后不回教室，悄悄躲在厕所里。几次折腾后，他终于消停下来，我也暂时松了一口气。

尽管这孩子如此调皮，但我一点都不觉得这孩子讨厌，甚至看着这孩子，莫名的有种熟悉感，想了想，这不就是当年的小晨小朋友吗？

两天时间，我已经摸清了他的所有套路。除了往外跑，就是不肯吃饭。不按套路排队打餐，于是我只能直接给她打好然后放他桌上。第一天，给他打好饭后，我的注意力没有全部放在他身上，所以等他吃完饭后，我看他的碗干干净净的，我还挺高兴，没想到这孩子饭量还可以。第二天，我又给他打好了饭菜，盯着他看我才知道，这孩子一口不吃，直接拿出去倒了，把碗洗了才进来。这时候小嘉小朋友告诉我："刘老师，他吃饭都要奶奶喂的，奶奶不喂，他不吃饭。而且，他必须要吃汤泡饭。"

上课逃跑，不肯吃饭，学习更加是个难题。我该怎么办？于是为了让小斌接受我们的新生活，我制定了一个三步走计划。

第一步，悄悄安排小助手。安全是首先要保障的。小嘉是他的好朋友，义是最了解他的孩子，于是我给小嘉定了个任务，只要上课时间没有看到小斌，就去厕所把他找回来。任何课只要看到他出去，都立刻把他拉回教室。有好朋友坐镇，小斌每每都能乖乖地跟着回教室。其次要保证的是温饱。这个重任还是交给小嘉，帮他打餐，盯着他吃饭，不管吃多少，吃了才能出去玩。小斌看着一大碗饭菜，委屈巴巴地说吃不完。看着他开始动嘴愿意吃饭了，我就高兴，说明进了一大步，于是对他说："那把剩下的饭菜带回家，给奶奶养的小鸡、小鸭、小狗、小猪吃，好吗？它们可喜欢吃了呢。"本以为这个逗趣能提起他的兴趣，不想他头也不回地出去把饭菜倒了，然后一本正经地告诉我："我奶奶只养了小鸡，而且小鸡只吃玉米，不吃饭。"留下我在原地哭笑不得。最后要开始抓学习。一年级的重任是学习写字，于是我把班上学写字学得最快、最好，又很有责任心、非常能干的小懿小朋友换成了他的同桌。从此，小懿小朋友就成了他的"小老师"，我对小懿说："课堂上，你做什么，你就要求同桌做什么。比如，你拿出语文书，就提醒他拿书。你写字，就提醒他写字，他不会写的，你要教他。"小懿小朋友很负责。小助手安排妥当后，一切开始有条不紊地进行着。

第二步，改变我对他的态度。前几天我都是很耐心、很温和地哄着他，既然不见起色，说明这一招没有用，所以必须要改变策略。而且我对他的过度关注和特殊对待，势必给其他孩子造成不好的影响，于是乎，我便对他采取了"漠视"的态度。所谓的"漠视"，并不是视而不见，而是假装没有看到他，没有关注他，事实上，他任何时候都难逃我的"法眼"。他被小嘉带回教室，我假装不知道他出去过；他课堂没拿出书，我假装没有看到，悄悄对他的同桌使眼色，同桌见状，立刻提醒他翻出语文书……这样的假装，让他意识到，并非所有人都会像奶奶一样，全天候地围着他转，这样的假装，给他树立危机感，他应该用更好的表现来赢取别人的赞赏和关注。然而，有些时候，却不仅不能"漠视"，还必须大张旗鼓。任何时候，他有一点进步，我都会大肆表扬、奖励。比如写字，在小懿的帮助下，他把字写得工整、美观，有笔锋，我对他又夸又奖，破例奖励他两颗聪明豆。他拿着两颗聪明豆，炫耀至宝一样笑成一团："两颗，我有两颗！"从那以后，每次写字，他都会主动拿着语文书问小懿或者来找我，问怎么写。瞧，这就是魔法！

第三步，联系家长一起改变。多年班主任，我养成了一个习惯，我的能力范围内，我能引导孩子做好的，我绝对不去叨扰家长，给家长施加压力。第一周，我在学校能做的都做了，也看到了小斌的进步。第二周，是时候和家长汇报一下孩子在学校的表现，以争取更多的帮助，让孩子有更大的进步了。在说明情况后，我对小斌爸爸提出了两点建议，一是配合一起加强孩子的安全教育，二是让孩子在家里养成独立吃饭的习惯。小斌爸爸在外工作，第一时间回复："我们年轻人没在家，是他奶奶在带他，所以给他养成了无法无天的性格，还望老师严厉管教一下。小孩子不能太宠他。"很高兴，我遇到的都是很通情达理，也非常配合老师工作的家长。从小斌后续的变化，以及我向小斌爸爸追问小斌情况来看，家长也一直在很努力地想要帮助孩子。

尽管现在为止，小斌还做不到独立吃饭、独立学习，但是相对刚开始来说，他能做到听到上课铃声进教室，对学习也有了兴趣，吃饭有了意愿，又交了很多好朋友，这就是巨大的成功。教育的意义就是让孩子做最好的自己，在这条路上，小斌在进步，我们老师和家长在努力。一切付出，都是有价值的。

288号

　　2019年10月，我们支教队八人有幸作为裁判参加邵阳市城步县第12届中小学生运动会。运动会为期两天，11号开幕，所以10号上午我们便开始接受岗位训练，我的任务是径赛计时，对我来说，秒表是一个新奇的玩意儿，但经过培训，我很快便学会了基本的运用。

　　11号，天气燥热，33度的高温，比赛前，我神经高度紧张地等待着枪响，盯着我要计时的6号跑道，生怕因为自己的操作失误影响了运动员的成绩。虽然有太阳帽的保护，但几场比赛过后我还是觉得头晕眼花，到下午时本以为自己坚持不下去了，但看到运动场上的运动健儿们丝毫不受影响的样子，他们朝气蓬勃，用强健的体力和顽强的毅力完成了一项又一项的比赛，我突然觉得羞愧难耐。和他们相比，我要舒服很多，不仅不用费体力而且还有太阳帽遮挡，所以我暗下决心，一定要坚持下去。

　　800米及以上的跑步比赛，每个计时员需要定位追踪到固定的运动员。为了不让自己看错，我会主动选择服装颜色与众不同的参赛选手。初中男子1000米比赛在即，我一眼就瞄中了一位穿浅蓝色偏灰上衣的选手，十几个孩子中，就只有他穿这个颜色的衣服。我敲敲他的肩膀，示意要看他胸前的号码牌，然后我要登记编号。他回过头好奇地问我："老师，您是给我计时的吗？"我点点头，说是的。他又问："您为什么选择我？"我很坦诚地告诉他，因为他的衣服颜色与众不同。他突然放慢语速，很严肃地盯着我说："那也要看实力的好吧！"他自信、坚定的回答，让我略微惊讶，我一扫疲惫，饶有兴趣地打量着他，他挺拔而肌肉健硕，定是一位异常爱好运动而且自我要求很高的孩子。我笑着回答他："当然，我非常相信你的实力！"旁边的孩子也许是他的同学，闻声也回过头对他说："你看吧，老师也相信你能拿第一！"他自信地扬着头笑着，原来这孩子的目标是第一名！一番对话让我不禁对这个孩子多了几分关注。他起跑的位置偏外圈，开跑后并不起眼，不禁让我有些担心。跑完第一个半圈，他慢慢地到了队伍的中间，第二圈时，眼看着他一个一个地超过前面的队友，保持在了第三的位置，我不禁信心大增，果然，即将到达最后半圈时，他超过了第二名，与第一名保持在一米的距离内。第一名很警惕地保持着领先的位置。最后半圈，所有人都开始冲刺，特别是第一名，大迈步地冲向前。我开始担心他被后面的孩子超越。让人惊讶的是，他竟发挥出超强的爆发力，一鼓作气地把第一名甩在了身后，稳拿第一！此刻，我竟然有种心潮澎湃的感觉，他是有实力的，冲刺的能力超强，他更是有策略的，包括一个个地慢慢超越保存实力，包括保持第二的位置麻痹对手，直至最后，发挥出自己最大的潜力冲刺。这样的孩子，不禁让人钦佩。我不禁对他竖起来大拇指。

12号，细雨蒙蒙，气温骤降，裁判们都裹着大衣穿着雨衣进行工作。运动员们发挥着强韧的品质坚持比赛，不仅仅风雨无阻克服着恶劣气候的影响，而且一轮轮比赛下来，成绩越发优秀了。下午初中男子3000米预决赛时，我又看到了昨天那位同学。看他胸前的"288号"号码牌，我不禁大喊："288号！"他朝我笑着回答说："是的，昨天的第一名！"超级自信的孩子，做他的老师肯定特别自豪。3000米跑，七圈半，在这场比赛中，我同样看到了昨天的他，自信，沉稳，不急躁，刚开始一直在默默地超越一个又一个选手，他就像一个潜伏的无气息的隐身者，你不特意去关注，根本就发现不了他。直至最后两圈，他已经跻身前几名，但还是不做第一，就默默地在前几名中跟着跑，与他们不相上下。最后一圈，他又爆发起来，只是这次对手足够强大，他始终无法超越，只能以一步之遥尾随其后，我在终点线紧张地为他加油打气。在最后五十米时他似乎拼尽了全力，释放了全身的能量往前奔跑，终于，能和第一名比肩了，所有观众都不由自主地加油呐喊。最后十米，他领先了！最终他最先冲破终点线，又夺第一！

自信、沉稳、有实力、有策略、有毅力、有智慧，这是我在288号运动员身上看到的品质，这样的品质，不仅仅是他，很多的运动员都具备。这样的品质，让我看到了新生代蓬勃的生命力，蓬勃的希望，如同八九点的太阳，熠熠生辉。

语文学习积极性调动策略

上课初期我便发现，孩子们在语文学习中存在基础薄弱甚至是零基础、接受能力慢、学习兴趣不浓的特点，所以，如何让孩子们提高语文学习的兴趣，进而化被动学习为主动学习迫在眉睫。我充分利用了以下几种方法，通过实践，发现效果显著，孩子们的语文学习积极性、主动性大为提高，并且深深地爱上了语文学习。

一、课堂游戏丰富多彩

爱游戏是每位孩子的天性，利用游戏来调动孩子们学习的积极性是最有效的方法。

以部编版小学语文一年级上册课文《秋天》为例，我在教学生字词时，就利用了以下游戏：这篇课文有"秋、气、了、树、叶、片、大、飞、会、个"10个生字。10个生字和拼音一起板书在黑板上。在带着孩子们读拼音正音后，我采用了"大小声游戏"，我大声读"q-iu-qiu，秋秋秋"，孩子则小声跟我读"q-iu-qiu，秋秋秋"。我轻声读则孩子们跟着我大声读。这也是正音的环节，孩子们的积极性高、注意力集中，效果自然不同。在辨析字形后，我用了"开火车游戏"，看哪些孩子既记住了字音又记住了字形。我滚动着双手手臂说："火车火车哪里开？哪里开？"孩子们学习着我的模样双手翻滚着说："这里开，这里开！"然后高高地举起双手，哪一组的孩子的小手都举起来了，又举得最高，火车就开到哪一组，这一组的孩子便站起来，开火车似的一人一个字地读。了解字意最好的方法就是组词，于是，我们又玩起了"找朋友"的游戏。孩子们非常喜欢这个游戏，每个孩子都会动脑筋，开发大脑的智慧，希望自己给生字"宝宝"找的朋友，能够被我板书在黑板上。我会选择最容易懂、容易写的词组写在黑板上。下一个游戏就是带孩子们读组词巩固字义了，"拳头游戏"是一个好办法。所谓拳头游戏，就是如果我用食指指着一个词语，孩子们就大声地读出来，如果我用食指和中指一起指着一个词语，孩子们就要读两遍，但是，如果我用的是拳头指着词语，孩子们就只能在心里读，不能发出声音，谁发出声音，谁就输。我这样带着孩子们反反复复地识字、认字，孩子们也都会很想上台来做展示。所以，接下来就到了"小老师游戏"环节了，由表现最好的小朋友上台做小老师带读，原本已经坚持了一节课有些小累的孩子都想做小老师，又精神抖擞起来，学起来也分外有精神。到了这个时候，即将下课，也要充分利用最后的契机玩一玩"说再见游戏"，我每擦去一个词语，孩子们就喊出词语的名字，说再见。

这样的课堂，扎实，高效，虽然没有额外的拓展，但是对于基础薄弱的孩子来说，这样扎扎实实地识字认字，就是最大的收获。

二、根据内容因地制宜

因为学校条件有限，没有多媒体设备，教师上课就靠一支粉笔一块黑板。但我相信，教师根据课堂内容调整上课方式，一样能玩出花样来，让每节课都充满新鲜，让每位孩子都期待上课。

在教授《上学歌》一文时，我结合孩子们都会唱的歌曲《上学歌》，边唱边指着课文看歌词，让孩子们在唱中学习；教授《口耳目》一课时，玩"我指你做"游戏，我指着黑板上的"耳"字，孩子们就用手捏着耳朵，指着"足"字就伸出自己的小脚，这让孩子既能识字，又能明白字义；教授《日月水火》一课时，我把语文书上的图案、甲骨文、楷体都一一对应地描在黑板上，孩子们再根据黑板上我的讲解，明白象形字的含义，这不仅让孩子们懂得了中国汉字的来源，而且加深了对祖国文字文化的热爱。最后让孩子们做小老师，有的孩子说"山"字和"火"字的甲骨文很像，都像王冠，有的孩子要到讲台上像老师一样带着同学读象形字，认象形字。同样的方法，再结合课后的习题，孩子们对象形字的理解更加深入了。

三、教学语言童真童趣

一年级的孩子，本就是最童真的年龄。教师教学语言充满童真童趣不仅能拉近和学生的距离，提高学生学习的兴趣，还能增加学习效果。以教学生书写为例。在介绍田字格时，我会说："这是生字宝宝的家。"为了让孩子们把生字写在田字格中间位置，我会告诉孩子们："田字格的四面都装了地雷，生字宝宝不能踩地雷，不然会……"孩子们异口同声地说："会爆炸！"说着"咯咯咯"地笑起来。孩子们的笑，是学习的快乐，笑了，说明听懂了，学进去了，在后来写生字的过程中也的确没有孩子会把生字写在田字格四面的线上。写生字前，要让孩子们观察每个生字的关键笔画，在田字格中的位置。我问："谁能有孙悟空一样的火眼金睛去发现这个字的关键笔画呢？"孩子们都不由自主地睁大了眼睛，仔细观察，用心去发现，生怕比别人慢了一步。观察后，我要进行板书了，从一年级开始教学生把字写出笔锋是很重要的事情，但是怎么让孩子知道写出笔锋的字和没有笔锋的字的区别呢？我告诉孩子："你们以前写的字没有错，只是他们赤裸裸的，没有穿衣服，就这样被别人看见了不好看，羞羞的。我们要把字写出笔锋，就是给生字宝宝穿上了衣服，而且还要穿上最好看的礼服。"孩子们又"咯咯咯"地笑起来，下课纷纷与我说："刘老师，我们在幼儿园写的字就是没有穿衣服的。"哈哈，真是有趣得很呢！

四、竞争方式多种多样

有竞争就有压力，有压力就有动力。一年级的孩子对比赛尤其感兴趣，比赢了不但能够获得老师奖励的贴纸，兑换奖品，还获得了荣誉感。我通常会采用能够让孩子们相互监督的方法比赛，比如评选最佳同桌、最佳小组，或者是男女生比。在最常用的小组比赛中，又必须玩出花样来，孩子们的动力才会更持久。通过实践，我想出了很多花样：比如学习《小小的船》一课时，我就让孩子们比画月亮，哪组画得快，画得好就获得好成绩；《秋天》就画树；《江南》就画莲花；《比尾巴》就画小鸭；《小蜗牛》就画蜗牛……

有时候根据当天的情况决定画什么，比如久违的艳阳高照，那就画个太阳；下课听孩子们聊到了小熊，那就画一个小熊……甚至由孩子们自己决定，课前准备谁做得最好，就由谁来决定比赛内容。孩子们积极性高涨，总希望自己拥有这个决定权，然后让自己的小组取得优异成绩。所以，哪个孩子会不喜欢这样的语文课呢？

对孩子们来书，学习有时候是枯燥的，所以作为教师，我们应该想方设法地为孩子们的学习生活添加色彩，寓教于乐。如果能够通过各种方式，让孩子们快乐学习，扎实学习，把学习的动力扎根于他们内心，让他们乐于学，愿意学，主动学，那么这是一件很有意义的事情。于教师而言，尽我所能，看着孩子们在学习中进步，在快乐中成长，也是一种莫大的幸福。

帅帅的悲喜

　　超级活泼的小欣小朋友蹦蹦跳跳地围着我喊："刘老师，我告诉你一个秘密。"说到秘密，她降低了声音。秘密呀，对孩子来说，那是非常隐秘、十分要紧的，那可是要有极度的信任才能分享的。我受宠若惊，不由自主地弯下腰，主动把耳朵凑过去。她神神秘秘地看了看旁边，见没有别人便挨近了说："刘老师，帅帅说他非常非常喜欢你，他最爱你了。"说完，好像是她自己向我表达喜爱似的害羞地一溜烟跑了。

　　帅帅当然喜欢我，因为我也爱他呀。爱他长得白白胖胖的，惹人喜欢，爱他自信大胆、敢为人先；读书最响亮的是他，回答问题积极的也有他；他不但学习能力强、学习效果好，而且自身知识储备量高；作为我的小帮手，他处理事情处理得妥妥帖帖，是个十分让人省心的好孩子。总记得第一次自我介绍的时候，他以站如松的姿势，声音洪亮地说："我的梦想是做一名科学家！"那脸上洋溢的得意与自豪，光芒万丈。

　　但一次意外的发生，让我突然害怕，害怕这样的光芒会消失，甚至变得暗沉。那天，我突然收到一则请假消息，请假原因是，帅帅的爸爸在外地工作时，发生了意外，突然逝去，妈妈和奶奶急匆匆地带着帅帅赶了过去。让我惊慌失措，手机都差点摔落，一整天内心都无法安宁。

　　一直以来，都是帅帅的父亲通过微信与我保持着联系。他关心着帅帅在学校的表现。无论我在群里反馈什么，他都会积极回应表示感谢；又或者我做出了什么要求，他也会第一时间站出来说"为了孩子，全力支持老师！"我经常觉得，背后托起帅帅身上万丈光芒的不是别人，正是他的父亲。可是这样突如其来的噩耗，让我这样一个素未谋面的人都难以接受，何况是帅帅！

帅帅连续两三个礼拜都没有来学校。我更没有想到班上的孩子对帅帅遭遇的事情都了如指掌。孩童的世界，只知道帅帅的爸爸去世了，他们不懂得帅帅会面临什么，更不知道应该要如何照顾帅帅的感受。我难免担忧，担心帅帅从悲伤中走不出来，担心其他孩子会在不经意间再次伤害他。所以，我觉得我需要做些什么了。

在帅帅回学校的前几天，我和班上的孩子们聊了聊，希望孩子们能给予帅帅温暖。通过沟通，我也了解到孩子们也都在为帅帅的遭遇而感到难过，他们希望自己能做一些力所能及的事情来尽可能地帮助帅帅，经过孩子们的商量，他们有的说可以陪帅帅玩，让他开心；有的说把好吃的、好玩的与帅帅分享，让他感受到爱；有的说教帅帅把他落下的作业补回来……看着小家伙们满满的真诚与关切，我心里的石头落下了。

迎接帅帅回归的那天大家的心情都有些紧张，小心翼翼地表达着自己的关心。但两天过后，我所担心的情况还是发生了——帅帅与其他同学发生了冲突。一收到消息，我便赶紧赶到教室，只见帅帅泪眼汪汪，一脸无助的样子。我走近他，低下身，搂着他的肩膀，温柔地对他说："帅帅，也许接下来我说的事情会让你很难受，如果你想哭，你就哭出来。如果你愿意很坚强地面对，我会一直在你身边，陪着你，支持你。好吗？"帅帅对我点点头。我的手始终没有离开他的肩膀，我需要通过手臂，传递我对他的关心、爱和支持，让他知道，我一直跟他在一起。"帅帅，我看到了你的眼泪，告诉我，是谁让你受委屈了？"随着帅帅的"控诉"，两位孩子被唤了过来。经过详细询问，我得知，两位孩子原本是想表达自己的关心，但因为好奇，追问了帅帅关于他父亲下葬的一些细节，难免勾起了帅帅不好的回忆。我告诉帅帅："同学们不是嘲笑你，是因为关心，但是他们不知道这样问会让你很伤心。你能原谅他们这一次吗？"说着，两位孩子分别握着帅帅的手向帅帅道歉。

为了防止再次发生这样的事情，我在班里说道："你们都做得很好，在帅帅回来的时候，你们像我们说的那样，在帮助帅帅，我替帅帅谢谢你们。作为老师，我为你们感到骄傲。这两位同学虽然是无意的，但是确实是伤害了帅帅，所以我提出批评，也请同学们不要去问帅帅关于他爸爸的问题了，因为你每次问起，都会让帅帅想起那些不好的事情，他就会很难过。"孩子们都纷纷点头。我望着帅帅，继续说，"而且，我很佩服帅帅的爸爸，我觉得他是一位英雄。"孩子们听我说到英雄，都睁大了眼睛，想要听我继续讲下去。"因为他爸爸没有做错任何事情，而且，他是为了赚更多的钱，让帅帅和妈妈可以过上更好的生活，才一个人到外地去工作的。一个人在外地，很想家，但是他爸爸还是在坚持。这就是一位英雄！我觉得应该把掌声送给他爸爸。"热烈的掌声中，帅帅的眼里一改颓靡，投射出光芒。"我也很佩服帅帅，他小小年纪经历了这么多，但是他一回来就以最大的热情在学习，还和以前一样表现那么好，是同学们的榜样，我们都要向他学习！"孩子们又一次不由自主地送上了雷鸣般的掌声。自此，班上风平浪静，只见孩子们和帅帅的欢声笑语，再无其他。

心理的道路疏通了，还需要更多的点缀让旅途鲜花芬芳。首先，我把帅帅的座位换到第一排，因为这可以让我时刻关注到他的情绪波动，让他能更近地感受到我的关注。其次，在学习生活中，我处处给予他更多的关注和照顾。回答问题，在众多高高举起的小手中，第一个点他；需要小老师的时候，选择最难的题目给他，然后给予极大的肯定，让孩子们给他热烈的掌声；班级活动中，尽可能给他多的表现机会……

看着他每天热情洋溢地学习，充满欢笑地游戏，我的心里无比欢喜，比什么都高兴。

那天"语文园地"学习写祝福信，帅帅仰着头，以向日葵一样的灿烂笑容对我说："老师，我可以把祝福的信写给你吗？我想记住你的名字，那我写你的名字可以吗？"我笑着点点头。

"老师，我妈妈说，你二年级就不教我们了……"

孩子，无论在哪儿，老师一直与你同在！

食堂周叔

周叔50岁左右，是我支教学校的食堂主厨。来金紫的第一个月，我就跟周主席说："我很喜欢周叔，周叔就跟我爸爸一样。"

这样的喜欢一点也不为过，因为周叔就是这样慈祥又可爱。

刚来金紫，每每吃饭，周叔都怕我们错过饭点，总会在宿舍楼下呼唤："刘老师，吃饭啦！"到了食堂，周叔就询问我，喜欢吃什么类型的菜？他做的饭菜可还合口味？还反复对我强调："说实话哦，喜欢就喜欢，不喜欢就是不喜欢，喜欢吃的菜，我下次还做。不喜欢的你就告诉我，我可以换一种做法。"他好几次对学校领导说："要多买点好吃的菜，支教老师从长沙那么远的地方过来不容易，我们要好生招待，让刘老师和张老师在这儿有家的感觉，我们不能怠慢了。"

我说我喜欢吃周叔煮出的饭里的锅巴，又软又香，让人忍不住想多吃。周叔说："你喜欢吃，那我以后都给你留着。"有一天晚餐吃鱼，周叔说我太瘦，要多吃点。我说我喜欢吃鱼头，就挑了一个放碗里，周叔说喜欢就再来一个，两个大大的鱼头已经把饭碗挤得满满的。周叔又对我说："你喜欢吃鱼头，下次我给你买两个大大的雄鱼头煮给你吃好不好？"我满心欢喜地应着好。想起每每和爸爸妈妈在一起，他们都会问我想吃什么，想怎么吃，然后就按照我的喜好精心安排好每一餐的饭菜。在这个曾经陌生的地方，我似乎又找到了家一样的感觉。

一个周末，为了准备公开课，我没有回长沙，一个人留在金紫。周叔知道了，立刻找到我说："你为了备课，一个人在这儿，你是认认真真来支教，来工作的。但是周末吃饭是个问题，我让学校买点菜放冰箱里，我免费给你做饭。不要学校给钱。我做给你吃。"生怕给他添麻烦，我连口拒绝，告诉他我能照顾好自己，不用担心。周叔不放心，还反复邀请我去他家吃饭，说他家附近有好玩的，他带我去逛。的确有事在身，所以我只能婉拒了周叔。

后来，周叔又邀请了我和张老师好几次，最终，盛情难却，我们终于跟着周叔去了他家。周叔有五个孩子，他用勤奋的双手不仅把五个孩子都抚养成人，还供他们读大学，让他们找到好工作，成家立业，各个有出息又孝顺。为了迎接我们，周叔准备了葵花籽、西瓜子、橘子、石榴、甘蔗等好吃的，还特意为了我们杀了最大的土鸡，准备了滋补的鸡汤。午饭过后，他还带我们去羊奶厂参观学习……一整天他都在为我们忙碌着，但他说他很开心。他对我们，就像对自己的孩子一样，尽自己能力，给最好的。

就像那天，我和张老师要去镇上，可是我的车还在长沙，没有开来邵阳，出不去。周叔见了，叫我们别急。他站在路边，盯着远方，恰好有一辆小小货车经过，他拦下来，用方言和司机寒暄着，请求司机搭我们一程，因为周叔的帮忙，我们能够顺利到达镇上，内心也满是爱的滋养。

周叔与我们的故事还有很多很多……

这样的周叔，我怎能不喜欢呢？

告别一（1）班

今天我是来道别的。虽然我已经历过两场师生分别，但在一（1）班教室门口，我的脑海却还是宫崎骏的那句话："我不知道离别的滋味是这样凄凉，我不知道说声再见要这么坚强。"

4月20日，周一清早，我偷偷地溜进一（1）班教室去看这群孩子。也许这场疫情让我们分离的时间太久，也许是我脸上的口罩让他们一时难以辨认，孩子们见到我没有了往日的狂奔、拥抱与欢呼。片刻过后，孩子们才试探性地弱弱地呼唤了一声："刘老师？"等到我的确定回答后，瞬间，所有孩子都坐得笔直，他们目不转睛地望着我，如同往日铃声响起，我走进教室，孩子们期待着我们的课堂，期待着我会给他们怎样的惊喜一样。我望着他们，轻轻地如同往日般笑侃道："这么久不见，刘老师想死你们了，你们有想我吗？""想！"整齐响亮的回答，打破了一时间的安静。孩子们如同放松的弦，朝我簇拥而来。

当然想。虽然我与他们只有一个学期的缘分，但是在学校的时间我们几乎朝夕相处，看着他们从稚嫩蜕变成勇敢、自律。为了让他们写好每一个字，读好每一篇文章，养成良好的学习习惯，甚至疗愈创伤，我绞尽脑汁，用尽各种奇招妙法。他们也是我快乐的源泉，他们的成长带给我满满的成就感，他们的拥抱带给我充分的信任，他们的赞美带给我职业幸福感，他们的依赖让我明白自己有多重要……张小娴说，离别与重逢，是人生不停上演的戏，习惯了，也就不再悲怆。我是支教老师，因为各种原因，新学期我被安排任教四（1）班，与一（1）班如此中途分离，非我所愿，非我所能。

我不敢逗留太久，怕他们触动了我的眼泪，也怕我的深情，对他们接纳新的老师会是一种障碍。匆匆，逃离。

接手四（1）班

　　支教的第二个学期，我被安排接手新的班级——四（1）班。只有一个学期的时间，如何做好这个衔接和过渡呢？

　　其实，我是一个奇怪的与众不同的老师。中途接手新的班级，我不会去问前任老师，也不想咨询别的科任老师对班级的印象，对每位孩子的评价。我相信我自己的感觉，相信我自己的能力，所以，我会带着对每位孩子的好奇、关切走近每位孩子，带着每一位孩子都是独一无二的、都是聪明可爱的心态去观察每位孩子，带着我能够让孩子做更好的自己的自信去引导孩子。我相信我自己，我更相信他们。

　　而且，作为一个已经在小学一到六年级都"打过通关"的我来说，怕什么？

　　没有时间让我们慢慢地度过磨合，那就来剂猛药，让我们瞬间达成默契。我自有我的绝招。自我介绍后，接下来便是和孩子们拉近距离的时间。

　　"刘老师带来一个闯关的游戏，你们想玩吗？"

　　孩子们瞬间眼睛放光了，活泼的李同学立刻答道："是玩王者荣耀吗？"

　　"那是虚拟的手机游戏，我们来个现实版的。想玩的同学举手！"

　　刷刷刷，全班同学都整整齐齐地举起手来。

　　游戏规则："你们可以用自己的优秀表现获得聪明豆，每颗聪明豆都会助你拿到钥匙。当你累积够20颗聪明豆的时候，你就打开了第一关，获得了和刘老师合影的机会。此时，你需要继续闯关，继续累积聪明豆，当你再次累积20颗聪明豆时，你就获得了第二把钥匙，闯入第二关，拥有参加香甜可口的大大的蛋糕盛宴的邀请卡。当然，如果你足够努力，你还可以获得第三个20颗聪明豆，在第三关，你将来到刘老师的宝藏库，这里宝藏多多，吃的、玩的、学习用品，你可以挑选任何一件宝藏带走。你累积的聪明豆越多，你获得的宝藏就越多。闯关时间只有三个月，你们愿意挑战吗？"其实想送孩子们一张合影做留念，以及离开时买一个大大的蛋糕与孩子们乐乐是我一直的计划，只是巧妙地将这个计划运用了进来。我边向他们介绍，边在黑板上画起了闯关图，孩子们都兴致勃勃地瞪大了眼睛，对闯关极其有兴趣。兴趣一定是最好的老师。于是有孩子问："我们怎么样才能拿到聪明豆呢？"

于是，我又跟孩子们细细解释了怎样在课堂表现中拿到聪明豆，作业达到什么样的标准才可以拿到聪明豆以及其他可以获得聪明豆的具体事宜。此时的孩子们眼里都有两个大大的"太阳"，燃烧着冲锋的火，他们都相信自己才是那个能够最快闯关的人。

接下来就是验收初步成果的时间了。

第一天上课，早读加四节正课，一共五节课。五节课，孩子们都认真、专注、热情，看着提问时一大片孩子高高举起的手，这不就是我要的效果吗？

很高兴认识你们，金紫，四（1）班的48位天使们！

四年级指读

通过早自习带着孩子们读第一课《古诗词三首》，我发现四（1）班的孩子真的很乖：课堂上能够安安静静的，看黑板时眼睛睁得大大的，齐读时也都愿意扯开嗓子读得响亮。

同时，我也发现了一些迫切需要解决的问题：1.孩子们跟着齐读时，虽然声音很大，但是都没看着书，一部分孩子甚至都不知道读到哪儿了。2.四十多个孩子，齐读的声音虽然响亮，但是喊读现象严重，读得累伤嗓子不说，还不好听。3.大多数孩子只愿意齐读，当要求个别读的时候，没有孩子愿意举手。4.我带读几遍，正音后再要求每位孩子按照座位顺序一人一句站起来大声读，很多孩子还是有很多字不认识，同时存在声音小放不开、站姿扭捏的问题。不够自信，不敢展示，这是他们的共同表现。

语文学习，字、词、句是基础，会表达是要求，缺一不可。于是我采取了以下措施：1.要求指读。虽然指读应该是一年级的要求，四年级不应该再指读，但具体问题具体分析。指读能够让孩子们的注意力更集中，能够让他们更多地关注字本身，识记更多字词。2.坚决贯彻一人一句通读课文。在解读课文之前，必须带着孩子们正音，让孩子们把课文读正确、读熟。读熟后还要在课堂上一人一句接龙过关。接龙要求：立正、挺拔姿势、双手捧书、声音洪亮、快速正确。哪一条没做好，就重新来过。同样要求背诵的课文，也会在课堂上一人一句接龙背诵。虽然这些都会占用非常多的课堂时间，但是就目前的情况来说，非这么做不可。这有极大的好处：让每位孩子每天都有表达展示的机会，增加孩子的口语表达能力，帮助每位孩子真正把课文读通、读顺、读准，而且培养了孩子的自信和语感，以及对语文学习的积极性，何乐而不为？

《四时田园杂兴》《宿新市徐公店》《清平乐·村居》，三首诗词，总共百来字，读通读顺总共花了两节课的时间。不过我不急，我相信千淘万漉虽辛苦，吹尽黄沙始到金。孩子的成长嘛，总该是要慢慢来的，我有耐心，陪着孩子们一步一步地往前走，眼下的路走稳了，前面的路才更宽阔。

《乡下人家》

    作为一名普通教师，能真正走进学生心里的代表作一定是课堂。面对成熟的四年级孩子，如何在孩子们心中留下课堂印迹呢？

    把我的国画作品融入课堂。这是我在备《乡下人家》一课时做的大胆决定。这篇课文的课后习题为："朗读课文，想想画面。如果给课文配图，你觉得可以画几幅？试着给每幅画取个名字。"没错，这个习题给了我灵感。是的，《乡下人家》是一篇描绘乡村人家自然、和谐田园风景的美文，山水风光、田园瓜果、鸡鸭成群正是国画很好表达的素材，用国画作品来更直观地展现课文内容，如同文配画般，更形象，更有视觉的冲击，那孩子们自然也就对所学内容更容易接受与印象深刻。

    其实，我的国画专业水平并不高，但是我告诉自己：只管去做，做得好不好都没有关系。

    我拿出了自己以往遗留在邵阳的一些绘画作品，幸亏，大多数都能很贴切地符合课文内容。整理一番，发现还缺一张完整的乡村图，于是我决定临时画。两三个小时后，我终于完成了一幅山水田园风光图，并另附纸张，用隶书写上了课题。

    有了充分的准备，我进课堂自然也是自信满满、神采奕奕的。

    展示乡村山水图时，孩子们非常好奇，他们的脸上写满了兴奋。是的，教学的全部艺术，就是唤醒年轻心灵天然好奇心的艺术，它的目的就是为了让这种好奇心得到满足，这是法国文学家法朗士先生说的，我深表赞同。临近下课时，为了满足孩子们的好奇心，我让孩子们都如愿上讲台看一看、摸一摸。他们不由自主地赞叹，向我竖起大拇指："刘老师，你太厉害了！""刘老师，你画得真好看！"……

马卡连柯说："如果教师在工作上、知识上、成就上有辉煌的卓越的表现时，那你自然就会看到所有的学生都会倾向你一边。"我觉得我就享受着这样的倾向。

紧接着，我拿出了瓜果图，让孩子们快速找到课文中与图画相关的段落语句，孩子们积极性很高，都能快速找到第一自然段。我让孩子们给文中描绘的这幅图取个名字。孩子们静默了。也许他们从来没有面临过这样的问题，他们在猜测老师想要什么样的答案，都不敢开口。于是我鼓励道："语文的学习，是没有固定答案的，老师也没有。你怎么想的就怎么说，好吗？"孩子们还是有点忐忑，我引导道："刘老师想到一个，就叫瓜果攀檐图可好？"孩子们都说好。我把"瓜果攀檐图"几个字写在黑板上。果然，教师的示范作用是极好的。接下来的几幅画，孩子不仅能快速找到对应的文字，还能够准确解读，起的名字都能概括出图画的意思，比如：鲜花绽放图、春笋探头图、群鸡觅食图、鸭子戏水图、门前晚饭图、纺织娘歌唱图……孩子把自己取的名字同我一样，整整齐齐地写在了黑板上。

我鼓励孩子们大胆展示自己，刚开始，只要孩子愿意说，我就给予肯定。

下课铃声在意犹未尽中响起。当我宣布这节课学得认真，展现得自信、大胆的孩子可以获得黑板上的赠画时，孩子们再次炸开了锅，自豪、兴奋、羡慕、后悔……各种情绪酝酿。

相信孩子们会更期待下一节课。

只要迈开两脚，哪怕千里迢迢，做得好不好都没有关系，只要一想到就要去做。因为人的想法是会变化的，有多少舌头、多少手、多少意外，就会有多少犹豫、多少迟延。说不定，结果出人意料地带来繁花似锦呢！

日有所背

我推崇让学生"日有所背"。

"背诵"必须是学生的每日必修课。正如汪国真所说的："少年时代，人的记忆力特别好，能够在这个时期多背诵一些文学中的精华，不仅对当时有益，对未来也是很有益处的。"

受疫情影响，这个学期的时间缩短，而我和四（1）班的孩子也只有一个学期的时间。条件不允许我去添置课外的内容，那就从书本出发，从精挑细选的教材内容出发，每天背诵，期末前必须人人过关，全文背诵。

只是刚开始，情况非常不乐观。在大部分孩子眼里，写的作业才是作业，完全不把背诵当一回事。有的孩子顶多读个一两遍，应付式地以为算是完成作业了。有的孩子很用心，但是因为还没有背诵的习惯和传统，一时之间很难接受背诵的作业，背不出来。于是乎，有时候仅仅是背诵几行一段的课文，班上也只有屈指可数的孩子能够过关，最少的一次，全班48位孩子，只有四人过关。

为了调整孩子们的态度，提高孩子们的积极性，我不得不使出绝招——设立奖惩机制。每天课前进行轮流背诵活动，按照座位的顺序，一人一句接着背诵，过关的同学坐下，奖励聪明豆。不过关的同学接受批评，没收聪明豆。

聪明豆的威力极大，要过关必须背得流利，一字不差，许多孩子为了获得聪明豆，不管是在学校还是在家里，都废寝忘食。小叶是一位极其优秀、自觉的孩子，但是在轮背的时候也有几次因为一字之差与聪明豆失之交臂，为此她悔恨不已，更是暗暗发誓，一定要背得更流利，更顺畅。为此，我总是看见课下的她在专心致志地努力，当然，结果也是令人满意的。

而我渐渐发现，在我每日扎扎实实落实背书政策的同时，孩子们都发生了巨大的变化。课前我提前几分钟进教室，发现孩子们都在非常投入地读书、背书；语文课下课，到了吃饭时间，孩子们边排队边整整齐齐地不约而同地背起了课文……

兴趣是最好的老师。这样的背书的激情与热情，是孩子们内驱力十足的表现。就这样背着背着，每日坚持着，我相信孩子们的语感会变好，理解力、记忆力、表达力也会变好，学习成绩会有极大的提升。

姑且，静待花开。

与梅有约

卜算子·咏梅

毛泽东

风雨送春归，飞雪迎春到。已是悬崖百丈冰，犹有花枝俏。

俏也不争春，只把春来报。待到山花烂漫时，她在丛中笑。

这首咏物词托物言志，作者借赞美梅花坚强不屈、不畏寒冷的品性，鼓励大家蔑视困难，敢于战胜困难。词将梅花的自然美与人的德善美有机地融为一体，达到了"天人合一"的最高境界。

墨梅

元·王冕

我家洗砚池头树，朵朵花开淡墨痕。

不要人夸好颜色，只留清气满乾坤。

诗人赞美墨梅不求人夸，只愿给人间留下清香的美德，实际上是借梅自喻，表达自己的人生态度以及不向世俗献媚的高尚情操。

同样写梅花，同样是借物抒怀，我就想，何不整合，放一起让孩子们来对比学习？恰巧，我手头上有曾经裁剪剩下的几小幅梅花图，可以用得上。《卜算子·咏梅》与红色雪梅搭配，《墨梅》与用墨笔勾勒的白梅花搭配，正好和书上相应的插图应景。

孩子们兴趣盎然，一节课下来，通过交流探讨，他们明白了诗词表面的意思以及隐藏的深意，也很清楚，虽然两位作者的年代背景相隔几百年，写作背景也不同，但是两首诗词却有诸多的共同之处。他们甚至主动要求我举行现场背诵大赛。我当然应允，并且承诺，谁能赢得现场背诵大赛，便能带走黑板上的四幅小图，孩子们都兴致勃勃，比赛现场的气氛活泼而热烈。

于此，教学任务圆满完成。

这就是同类课文整合，聚焦同质，求同存异。有的课文之间难免有着密切的内在联系，有的是主题的相似，有的是体裁的相似，有的是内容的相似，有的是阅读策略相似。比如同单元内的一组课文，就有单元主题的一致。教师在教学当中应引导学生通过整体观照，对比阅读，辨析评价，从中发现和掌握语言规律，以提高学生的语言表达能力以及语文素养。

与隐翅虫之间的战争

来这儿之前，我就听"前辈们"不断嘱咐，要谨防隐翅虫。它小小的个儿，红白相间的瘦长的身躯，一双翅膀洁白晶莹，若有若无，完全是一副"仙子""美人儿"的姿态。殊不知，它却是只"猛虎"，只要被它沾上，无须它动嘴"亲"你，只需在你的皮肤上轻轻飘过、爬过，便能让你难以忘怀。据说，那酸爽的奇痒、难忍的刺痛，不断扩大的腐烂面积，难以避免的疤痕……都能让你对它念念不忘。

它果然没有让我们失望，以无孔不入的姿态闯入了我们的生活。墙上、天花板、地板、门缝、座椅、桌面、床脚、储水的桶盆里、晾着的毛巾里……无处不见它们的"曼妙"身影，它们就这样大摇大摆，无所畏惧，似乎我们的尖叫能给予它们足够的存在感和价值感。

双手拿着毛巾，捧着盆里的水往脸上抹，终于快洗好了，一睁眼，一两只"隐小姐"正蹦跶着大长腿在水里畅快地游着，此刻我的内心是崩溃的，这"隐小姐"究竟是在向我炫耀它的大长腿，还是嫉妒着我的美貌开启了毁容模式？

我和玲姐姐回到宿舍的第一件事情，就是睁大眼睛，甚至打着手电筒仔细检查每个角落，寻找隐翅虫的下落，不给它任何靠近我们的机会。尽管如此，总会有漏网之鱼。明明很细心地检查了，觉得不会有漏网之鱼了，但总会时不时地传来一声"啊……"

有时候过了周末两天再回到宿舍，那宿舍就是虫子们的天下。它们趁我们不在，大张旗鼓地训练军队似的在天花板上、桌面、箱子、柜子等密密麻麻地站队，那阵仗，那架势，令人毛孔大张，望而生畏。

当然，时间长了，兵来将挡水来土掩，我们可有的是对付它们的方法：

门外装了纱窗门；太阳下山前便把窗户紧闭；床铺的蚊帐搞了两层；天黑后尽量少开或者不开灯；灭蚊灯天一黑就开启；经常熏艾叶……绝顶高招是风油精，据说这才是隐翅虫的克星。我们批发了许多风油精，洗澡水里倒入风油精；卧室各个角落、但凡窗户缝隙有可能钻进来的地方都放了一瓶瓶开盖的风油精。往往不需要多久，风油精瓶口就已经密密麻麻地沾满了虫儿们的尸体。风油精对我们而言可是珍贵的物品，不可有半点浪费。所以日暮之后，我们都是用爽肤水的喷壶将风油精兑水后满卧室地喷洒，刺鼻的风油精的味道加上密闭的空间，又没有空调，在夏日异常闷热难忍，但这和隐翅虫带给我们的恐惧相比，完全不算什么，反而营造了一个满满安全感的空间。手握一瓶风油精，那便有手握重兵的感觉。哪儿有隐翅虫，风油精就往哪儿倒，隐翅虫便失去了飞翔的能力，爬行的活力也大不如前。此刻，我们便可以用厚厚的纸巾把它拎了，瞬间奔赴洗手间，以最快的速度把它冲进厕所。

一年的支教时间，也因为有它们的陪伴，多了许多独特的乐趣与难忘的回忆，不是吗？

神秘疙瘩

一夜之间，我身上突然冒出了近30个红疙瘩，奇痒无比，还似乎带着水泡。没敢耽误，我赶紧到诊所去让医生珍姐看看，珍姐说确定不是过敏或者长痘，而且也不是隐翅虫咬的，应该是其他虫子咬的。珍姐分析虫子极有可能是藏在被子中。我疑惑不已，因为我的床铺是里面一层帐篷式带拉链的蚊帐，外面一层普通蚊帐，完全没有让虫子钻进去的可能。经过查证，事实确实如此，我把所有被子里外翻了个遍，没有看到任何虫子的踪迹。见我疑惑不解，其他老师也帮着我一起想原因，他们说真凶也许是跳蚤，也许是因为我晚上开灯的缘故，细小的虫子还是可以通过窗户细小的缝隙钻进来，却让人无法发现。因为很多老师也曾经遇到过类似的问题。

于是乎，我采取了绝招——杀虫剂。面临日益增多的红疙瘩，我已经完全忽略杀虫剂可能会对人体带来的伤害，多多地喷，紧闭门窗，闷了三四个小时。估摸着，不管是什么虫子，也都该一命呜呼了时，我才打开门窗通风透气。那一夜，残留的药味让人无眠。更让人抓狂的是，第二天一早，红疙瘩又冒出许多。其间，我试过太多办法，但都收效甚微。直至我回长沙带回新的被褥换上，红疙瘩才渐渐消停。所以至今我都不知道我的红疙瘩是拜哪种虫子所赐。

写规范字

在我的支教总结活动上，四（1）班的孩子们给我送了一份特殊的礼物——两黑板满满的祝福。金紫的陈校长看着精美、干净、大气的黑板布置，对孩子们能够独立创作出这么高质量的板报感到惊叹、不可思议。一种自豪感油然而生，因为这是我和孩子们共同努力的结果，这是我们整个学期，每天训练的结果。孩子们为了能够干净、整洁、规范地书写，我们每节课都不曾松懈。

刚开始接手四（1）班的孩子们时，他们给我的感受就是普通话都说得极好，读课文、日常交流都非常标准。然而，他们的字确实需要抓。第一次课堂抄写作业一交上来，我便有些许惊讶，课堂表现这么乖巧的孩子，怎么作业本上的字大都是这么龙飞凤舞、张牙舞爪的？

于是，我的计划又多了一项——让孩子们练好字，写好字。

首先，花一节课的时间给孩子们梳理梳理汉字书写的几个常见的基本笔画，说名称，示范写，展示运笔，在字中运用。学完一个，孩子们在本子上写一行。当天作业便是把基本笔画全部重新写一遍。

其次，在日常作业中设立书写奖项。对于按照要求完成作业、正确率高，而且书写工整的孩子给予聪明豆的奖励。尤其在作文中，设立文章和文字的双重评分，文章和文字都得90分以上才能获得1颗聪明豆，若是书写能打满分，还能再加一颗聪明豆奖励。每次作文课，我都会在课堂上公开念出每位孩子的书写得分。让孩子们知道，刘老师是很注重书写的，每位孩子都应该重视起来。为了获得更多奖励，更是要拿出更好的表现。

真正持久有力的方法是每天让孩子们上讲台写字。粉笔无言写春秋。有人会说，在黑板上写字不是老师的专属，不是老师的职责吗？那就当我是一个极其偷懒的老师好了，能够让学生上台写的，我绝对不写；学生会写的，我绝对不写；学生愿意写的，我绝对不写。课文新授，孩子们谁总结的关键信息，谁就负责写上去，有时候一个知识点，孩子们就能想出十几条来，那就让十几个孩子都上去写，他们兴致勃勃，我乐得清闲，乐得成全，这样的课堂，怎么会冷场？怎么会无精打采？怎么会暗淡？做课课练就更活跃了。起初是谁会做谁举手，遇到基础题，看着那一只只高高举起的小手，让人有"生意火爆"的错觉。后来为了让每位孩子都动起来，我实行座位制，按照座位顺序，一人一小题，先在座位上说对了，再写在黑板上。每个孩子都有上台写字的机会。孩子们也渐渐训练有序，一块黑板一道大题，轮流着写。

我虽然"懒到家"，却也不能做甩手掌柜。每道题写完，就轮到我拿一支红色的粉笔上场了，干吗？当然是和孩子们一起讨论，答案对否，哪个字写得漂亮，哪个字没写好，怎么写更好。讨论过后，我还会给每个孩子的字打上一个分数。这样直观、直接的方式，不仅仅是板书，更是一种潜移默化的写字培训。

班上有个叫小伟的孩子，课堂表现异常活跃，思维敏捷，敢举手，敢说，是一个让我印象深刻、很喜欢的男孩子。第一次他上台写字，便惊讶到我了：那字简直是"群魔乱舞"，一行字下来，没有一个字是我能看清的，连笔、轻飘飘乱写，明显图快、图省事。这样的字，和他的思维格格不入。"这么聪明的孩子，我真没有想到你的字是这样的，让我没法给你打分。你平日的字真是这样的吗？"他不好意思地点点头。我在点评其他孩子的书写时，他听得特别认真。第二次我让他上台，他有些忐忑，他说："我知道答案，可是我不想举手，我怕自己写不好。"我鼓励他上讲台，最终在大家的关注与鼓励下他走上讲台，只见他很认真地一笔一画地把答案写在了黑板上。我惊讶地望着他："原来你的字是可以写得好的，你看这次你就做到了横平竖直了。非常棒！"他笑脸盈盈地回到了座位。第三次，我惊叹道："你看，你这个'吹'字写得超级漂亮，特别是这一笔捺画，比我还写得好。原来你是小书法家，真人不露相呀！"同学们对他投去赞赏的目光，他笑得更开心了。往后，他在黑板上的字是越写越好，从打不了分，到分数越来越高，最高的一次拿到了99分。他作业本上的字也越写越好，有一次作文的书写他就拿了100分，高兴得蹦跶着就回到了座位，忙不迭地向周围的同学炫耀。

绳锯木断，水滴石穿。也许我做得不多，不能让孩子有多大的改变，但是我也必须要坚持。坚持引导，坚持关注，我相信孩子们自然会有他们的收成。

与梅有约（二）

宝剑锋从磨砺出，梅花香自苦寒来。梅花那顽强不屈的精神令人赞叹。因此，自古以来，梅和松、竹一起，被人们誉为"岁寒三友"，历来竞相被诗人所题咏，画家所描绘，艺人所雕刻，游人所向往。秋尽冬来，迎风斗寒，经霜雪而不凋，历四时而常茂，甚至在零下二十多度的严寒，它也能"疏影横斜水清浅，暗香浮动月黄昏"，笑傲乾坤。

因此，在我接到通知，我要在长沙高新区"三区"支教汇报成果展示活动中上一堂展示课的时候，我就锁定了主题——"与梅有约"。没错，灵感就是来自毛泽东的《卜算子·咏梅》与王冕的《墨梅》。

一遇到公开课，我就异常紧张。如何让最怕上公开课的我能够享受这个备课的过程？公开课是在城步县西岩镇中心小学开展，如何在一个陌生的学校带着一帮素未谋面的孩子学习高难度的古诗词，而且还要让孩子们学有所获，学有所长？这两个问题是我需要核心思考的问题。

经过深思熟虑，我把课堂锁定为中华传统文化的熏陶课！

熏陶礼仪。课前与孩子们相互介绍打招呼，我用"揖礼"向孩子们问好。孩子们非常好奇地望着我整理着装、行礼、端立。这是中华传统礼仪——作揖。我向孩子们介绍，作揖是古代汉民族的相见礼，表示真诚与尊敬。为了让这个行礼更具传统意味，我身着改良汉服，汉服上点缀的是中国的山水墨画。为此我新学了一个蝴蝶发型，用极素雅的梅花檀木发簪固定。由于教具甚多，我用一个竹篮乘着。如此素手挽篮，手摇蒲扇，款款而来，于讲台上一站，便是一幅古典韵味图。

熏陶国学。以毛泽东的词作《卜算子·咏梅》引入，重点学习王冕的《墨梅》。同样写梅，表达的是梅花的不同状态。贯穿学习国学的方法，看作者的写作背景，看诗词的注释。孩子们很聪明，起初不懂看注释，但是稍微一引导，立刻就掌握了这个基础的好方法。为了学习"砚"字，我拿出了现实中的实物——砚台，让孩子们有更直观的感觉。我向孩子们拓展了文房四宝——笔墨纸砚。用我在长沙用的四宝图片来告诉孩子们，笔墨纸砚分别是什么。

熏陶国画。国画是这堂课的一大重点，也是一大亮点。用《卜算子·咏梅》引出我画的三幅红梅图（语文书上课文插图也是红梅），红梅是这首词作中的意象。为了突出对比，出示金农《墨梅》图，拓展画梅花的顶级高手金农，让孩子们了解用墨水调成焦浓重淡清的不同浓度，就可以画成墨梅。当然梅花图是为了理解诗词而呈现的。从墨梅和红梅的对比，可以知道诗人王冕喜欢墨梅，是因为他同样拥有纯净、清澈、朴素、淡雅的品质。王冕墨梅图的出现，更是为了引出这幅图上题的诗——《墨梅》。梅花图串联了整堂课，在课堂的最后，我让孩子们实操，亲手画梅花，切身体验中华传统文化——国画的魅力。孩子们兴致勃勃，热情十足。在画的过程中，有的孩子说："老师，这么淡的颜色，就是诗中说的'淡墨痕'吗？"笔上墨水太多，孩子们掌控不好，要画的梅花变成了一串墨迹。立刻有孩子说："老师，这里再加根树枝就遮掩了。"还有的孩子说："没关系，我们就画一串梅花就好了。"孩子们在动手中充分发挥了他们的创新能力和积极能动性。这样的环节，孩子们是热爱的，期待的。

熏陶书法。毛笔书法是中国特有的传统艺术。一是为了节约上课的时间，减少粉笔字板书占用太多时间。二是为了让孩子们看到传统艺术的另一个方面——书法艺术。所以，我在引出课题"墨梅"和作者王冕时，事先准备好了用毛笔写的隶书字，出示时，利用贴的间隙，让孩子们做了简单介绍。课下，我在旁边办公室把孩子们画的梅花加上花托和花蕊的时候，就有两位很资深的老师凑过来说："这位刘老师不仅能画，还能写，那毛笔字，让我也想好好写字。"除了毛笔书法字，粉笔字也是很重要的书法艺术。在学写"砚"字时，我不仅仅引导孩子们观察左右结构上的不同，还引导孩子们关注关键笔画；不仅仅让孩子们关注汉字本身，也要引导孩子们写好拼音，更是让孩子们勇敢上台去写字。在学习中，孩子们概括的每一个关键词语，我都让孩子们自己写在黑板上，并且告诉孩子们："汉字是中华民族的骄傲，我们要写规范，写美观。"让孩子从小养成认真写字的习惯。西岩评课的一位校长说："小刘老师敢于让孩子上讲台来写字，这是一种创新，一种大胆的尝试。"是的，学习就该是学生自己的事情，不是吗？

中华传统文化博大精深，国学、国画、书法、礼仪是与孩子们息息相关的，这堂课，我希望孩子们不仅仅是中华传统文化的学习者，更是继承者和发扬者。而我为人师表，更需要不停地学习，提升自己，才能带给学生更多，更多……